不要在最好的年紀吃得隨便、過得廉價

Your Best Age Is Now

蔡侑霖／著
Danny Tsai

推薦文

三十而已，人生卻不只如此而已。

劉涵竹．主播主持人

三十，是個充滿魔力、魅力、創造力的年齡數字。

古人云「三十而立」，現在最流行的金句是「三十而已」。人生到底要幾歲才開始？幾歲又是「最好的年紀」？蔡侑霖這本書一針見血地分享他血淋淋的心路歷程和特有觀點，雖然是放在最開頭的推薦序，不過就先讓破個梗吧！三十歲的你，對人生有更多的智慧和自主權，每分每秒都是開始，時時刻刻都是最好的年紀。

我搶先讀完了蔡侑霖的新書，非常有感。這本書寫給未滿三十的你，你也許這幾年的工作經歷曾吃過一點小悶虧，也立過一些小戰功，談過幾次小戀愛，也明白人生百態的陰暗面與陽光面，而你似乎也覺得已快摸索出人生的樣貌了。這本書就獻給這樣的你，與你分享一語道破的經驗法則，讓你往後的人生少走冤枉路。

這本書，也寫給剛過三十的你。此刻的你，對於未來已做了一些關鍵性決定，包括是否考慮要買房買車、規畫婚姻的終身大事、轉職或創業、是否要離開台灣而向外發展，甚至三十歲關卡後的人生第一桶金在哪裡。人生最高境界的原則「斷捨離」一一破解你的情場、職場困境，檢視你為何原地踏步，不僅是找到自己的個性缺點，也勇敢告別過往的爛桃花、臭脾氣及死腦筋，你才有翻身的機會。

現代人不缺心靈雞湯，滑開ＩＧ、打開臉書，滿滿是進補的短文及俳句，心志都補到要步入「三高」了，但人生一路上，是否仍跌跌撞撞呢？蔡侑霖不為你寫傳統且俗套的雞湯文，從愛情、工作、人際、生活等四個維度幫你「抓漏」。這輩子，別再當一個委屈自己卻又不瞭解自己的濫好人。別忘了，世界上最該對自己好的人，正是「你自己」。

他從室內設計師、品牌公關（也橫跨多個業態，西進中國擔任特助、跳槽成為管轄上百人的百貨幹部）。如今回到台灣，擔任集團管理層、身兼香水大使，爾後又自創香氛保養品牌。這麼長一段期間，他一直維持著「專欄作家」的斜槓身分、ＫＯＬ意見領袖。雖然我不願公開誇獎讓他太得意，但他也確實是個人氣網帥。

我有信心，蔡侑霖有機會成為二〇二一年出版界的「怪物級新人」。相識十來年的日子，我看他多次成功轉職，每每為他捏一把冷汗，正想對他說喊話時，像是「老弟啊！我看你原本做得好好的啊，有必要放下嗎？」過沒多久，又會看到他眼神發著光，告訴我他學到什麼、如何幹了一票大事，然後下一個階段的規畫為何。

如此全方位的人生歷程，為他帶來超齡的養分和能量，他以豐富的人生心得寫下這一本書。即便我的年齡和閱歷要比他多一些，仍能從蔡侑霖的人生觀上得到些許領悟。祝願蔡侑霖的第一本書大賣，而且我相信很快就能看到第二本、第三本。身為蔡侑霖「異父異母」的姐姐，以他為榮。

作者序

此時此刻：在最好的年紀，由你定義接下來的全新開始

——聚焦自己後，去和解、擁抱遺憾

我花了十四年的時間與自己再次和解，那你呢？有真正和自己的不安全感和平相處嗎？

我踏進了回憶的漩渦，從二十二歲到此時，不知不覺中，男孩成為

了男人，現在，所有的回憶，包含著一路上的跌跌撞撞、挫折與硬著頭皮假裝喜歡，在不同城市獨處沉澱後的釋懷及放下，才造就現在最好、最獨立自主的樣貌。於是，這是我，滿意現在的自己，不太老也不太幼稚的此刻。

這四十四篇文章，都是我親身經歷的真實故事。

《不要在最好的年紀，吃得隨便、過得廉價》這本作品，無論在哪個時間與階段，翻開後直接閱讀，都可以細細品嚐字句間的情緒與節奏。現在開始，在任何關係中，都應將焦點放在自己的需求與必要上，拿回與自己和平相處的優先權。

#愛情篇，探討了感情中的不同面向，尤其是面對自我的省思與釋然。當感情走到半途，無論年齡或狀態，我們應該選擇繼續前進，還是離開？有些愛情是不顧一切的橫衝直撞，直到單方面終止時才突

然驚醒。

這時才發現，自己以為慢慢熬煮的愛情，已經在對方的決定中被終結了。許多人無法接受在感情中的「患得患失」，因此總是放不下。但若換個角度想，曾經擁有的已經是全部，不應該執著於還需要完成什麼，否則只會徒增遺憾。我們能做的，是與自己的遺憾和解，去覺察它、釋懷它，最後放過自己，學會擁抱這份感受。

#友情篇，幾年匆匆過去，儘管沒有發生過什麼嚴重的衝突，但在社群上分享各自的日常時，彼此之間那種欲言又止、看穿卻不點破的氛圍，讓大家學會了「讀空氣」的技巧。明眼人都知道這是一種默契，不想先開口破壞這段友情，誰都不願成為扮演壞人的角色，只能默默接受緣分已盡的現實，像是被殘忍地刪除了好友一樣，關係在無聲中結束。

多年後，當生活進入下一個階段，你會明白什麼是真正的「歲月靜好」。保持距離，讓彼此在抽離後能夠喘口氣，過上各自安然自在的生活，才是最好的選擇。別再試圖將美劇中的友情情節，強行套用到現實生活中。更多時候，我們需要在關係中留白，給彼此獨處的空間，這才是讓友情長久維持的唯一方法。

#工作篇，升官或轉職不應只看作是薪水的增加，更應注重實現自我價值、累積經驗和拓展視野。當更換了公司、職位，甚至是產業時，職稱應該能助你在新工作中發展未來。過了三十歲，會明顯感受到，自我增值比加薪更加重要。如果想過上相對平衡、相對自由的生活，必須在年輕時積累實力和影響力，這樣未來的生活可能會更輕鬆，並提早享受到付出的成果。

各種經驗告訴我們，必須正視「認清事實、釐清真相」。聚焦自我後，真正握在手中的才是真實，說出來的只是虛幻。與其頻繁換工作來提升職場身價，不如多開拓其他收入來源。這才是當代工作者面對生活壓力時，能夠「做得甘願、拿得開心」的真正意義。

#生活篇，成年之後，特別是過了三十歲的人，要摸得著、看得清自己的本事和該去的地方，不要自欺欺人。不是做白蟶蟶的蒲公英，哪裡有便宜可貪、利益可得，就迎向那陣風，若是沒有自己的思想骨幹，只會剩下散敗的零落樣貌。

人與人之間的關係，彷彿就像一陣一陣的「風」，別人的一句話、一個假動作、若有似無的聽聞，你都不該因不安而見風轉舵，沒有定性只會推翻自己原有的初衷。有本事為自己的人生繁衍生息，就別讓風決定你的去向。

《不要在最好的年紀，吃得隨便、過得廉價》這本暢銷改版的新作，除了經典深刻的文章外，也特別回饋所有喜愛我文字的讀者們。

在每個章節最後都新增了全新的創作內容。當我開始與自己的遺憾和解時，體悟到我們應誠心接納在最好的年紀所擁有的一切，無論是好是壞，還是那些未曾開始的結束。

正因為經歷了未知的變化，你我才明白，站在「現在」回望「過去」的自己，是一段揪心的成長過程，但最終也仍能釋懷地放下。

最好的年紀，我始終認為是此時此刻的現在，去正視自己的真正情緒與狀態，不要虧待已經很努力生活的你。和解後，記得給自己擁抱遺憾的機會，好好生活、好好工作、好好去談一場不再退卻的浪漫愛情，你值得擁有美滿豐盛的人生。

Depart, Love, Enjoy.

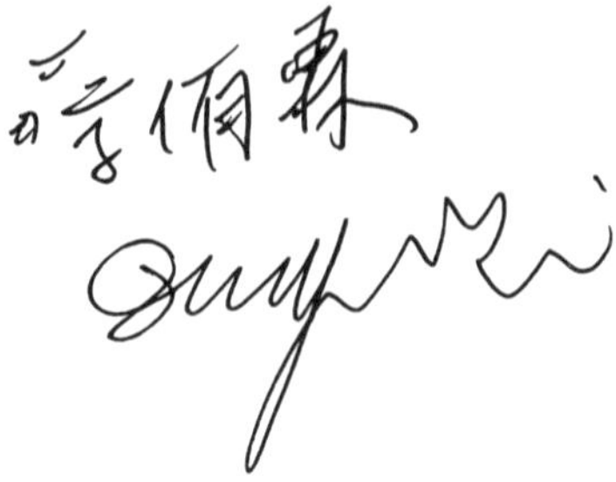

CONTENT

推薦序．三十而已，人生卻不只如此而已．劉涵竹 003
作者序．此時此刻：在最好的年紀，由你定義接下來的全新開始 007

1 愛著，就像不曾被傷害

全世界，挑到只剩你一個人單身 020
和平相處吧，那些愛裡的不安全感 026
你要愛著，就像不曾被傷害 030
關於寂寞，你是忘記還是害怕想起 034
有時，你得先輸得起愛情，才能贏回自己 040
旅行的意義，是終成眷屬或登出愛情 046
工作與愛情，沒有平衡，只有取捨 050
最好的分手，就是彼此各自生活更好 054
懂得永恆，進化成更好的人 058
重拾心的人，不再對未來設限 062

2

慎選朋友，你是好友們的總和

總有人想浪費你的時間，但時間要留給值得的人 072
走散了朋友，留下了人生 078
能陪伴一輩子的旅伴，引領我們看到更美的風景 082
同時擁有最保值的朋友，及最保久的工作 088
每段關係都是稜鏡，期許自己成為不折舊的朋友 094
學會當個體貼、成熟又有趣的大人 098
自在且平等的關係，是人生中不可多得的寶物 104
那些不再聯絡的人，行同陌路並非偶然 108
過度真心有時危險，你得理解傷心額度有限 114
你可以對自己善良，但沒有誰能強迫你喝誰的心靈雞湯 120
跨不過的下半場，人生不再見是種高級問候 124

3

為人生工作，還是在工作中找到人生？

積累履歷價值及軟實力，為機會做好準備 132
不做錢的奴才，而是理想生活的主人 138
人間觀察：關於那些傻人、老人與壞人 144
職場無情，存款無義，請劃好人生重點 150
面對工作，要隨和，而不要隨便 154
加值，比加薪更重要 158
網民公審的時代，過去不會過去 164
夢想看來豐滿，現實卻如此骨感 170
新鮮人啊，先學會做人再來談做事 174
世界很小，心眼要大 180
選擇放過自己，現實會先追上你 184
重視職涯身價，不該讓公司毀掉人生 190

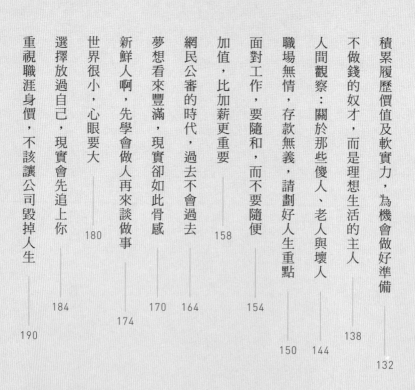

4

先談談如何過好每個日子，然後才是人生

單身與否，你都有選擇過日子的節奏 200
生活不委屈，不當他人人生的寄居者 208
急著吃糖，小心錯過了眼前的寶物 214
與其順其自然，不如想想怎麼過好每一天 220
每個結束，都是另一種開始 226
不只操作短線快樂，你得看重心靈質量 232
關於「優秀」，你可以試著練習 238
培養贏家的體質，而不是埋頭苦幹 242
「刪減」並「拾回」，能讓你身為人的質量加分 248
直覺告訴我們的事 252
向宇宙顯化：最好的年紀，認真想、放手做！ 256

愛著，就像不會被傷害

全世界，挑到只剩你一個人單身

當你漸漸成熟，你變得實際，也太保守，不再像二十多歲時花過多力氣討好朋友，只為迎合另一半的喜好，不踏實的「童話」早已不是你的人生目標。

當然，你有權利挑選自己想要的伴侶及生活，只要你夠自在，甚至自在到不在意他人眼光也沒關係。日復一日，上班時間占據你八至十小時，回到家就算疲累，沒有另一半也樂得開心。

你很忙，就算真的不太忙，只是太珍惜與自己的時光。每天精心打扮，有一份過得去的工作，到了這年紀也明白什麼衣服款式最適合自己，也確知若吃太多不如吃得精巧。然而，這樣的你，唯獨最難看透的是「感情」。感情靜止，久到你覺得自己被放逐、被遺忘，身處人間的邊境。

戀人未滿的模糊地帶

你說，談戀愛既花錢又花時間，但說穿了，你只是不想再討好任何人。只願沉浸在「彼此不說愛」的關係，活在當下的「戀人未滿」，誰都不說破。不談未來的暫留，一個擁抱可以撐一個月、一個吻可以撐二個月。抽離感情的租借關係，怎能期待真愛降臨？

在孩子般的歲數，說出「我愛你」輕而易舉。
三十歲，說出「我喜歡你」會要了你的命，
你擁有的是年紀，而不是滿溢的勇氣。

三十的示愛，你要不怕對方一臉尷尬、怕結果不如預期，這與自信無關，是你學會當個沉著鎮定、不慌不亂的大人。原則是不讓自己傷心，也不傷害到別人，但捨不得讓心冒險的你，就無法獲得愛。

那些年，要嘛證明單身無礙，
要嘛證明誰是真愛

你明白付出可能不成正比，也常想著對方是否會先放棄。莫怪別人不認真面對感情，你也得檢視自己不信任的原因。

隨著年紀，面對感情，你只會越來越果斷，更明白什麼叫做「對彼此都好」、不浪費彼此時間。長大後的感情，相處壓力如此之大，卻又要保持心態柔軟。若戀情有天落幕，也要完美祝福彼此。

正因為你害怕跌倒，所以只能謹慎再謹慎，凡事使命必達，只為了證明「我可以」。正值適婚年紀的你，若準備投入一段感情，不能沒想過走進婚姻的可能，不僅三觀要符合，是否門當戶對也需思考。

說「一輩子」太沉重，但當對方邀你見家人，你覺得倉促；見不到對方親友，你又憂心焦慮。

當論及婚嫁時，你慶幸今後有彼此共度日子；但是，結了婚也可能風雲變色，不離是磨合，離了可能也是磨難。每個轉折都像是和世界的對戰。

讓自己值得最好的

也因為這樣，單身階段是你必要的整理。趁著一個人的時光好好打理自己，誰說不能開心地過？可以過好一個人的日子，你將更明白生活如何平衡，更有機會找到合適的人。

當愛情再來的時候，不要將就，不要妥協對幸福的嚮往及標準。「門當戶對」並不是一昧審視對方的經濟地位，而是要找到各方面都能有共鳴的對象，彼此對生活的想像相距不遠，也能帶著最好的善意溝通、相愛。

你都這麼努力過好每一個日子了，更應該找個能一塊快樂生活的人。兩人關係的穩定，要有共同的願景作為基礎，加上一些信任和心思，而不為了「結束單身」而妥協。單身的你也要深信，值得的愛情還在路上，給自己一點時間，先把日子過得精采吧。

和平相處吧，那些愛裡的不安全感

我們愛過，也曾恨過，懵懂的那些年也談了幾段不怎樣的戀情，有的刻骨銘心、有的蜻蜓點水。孤單的人們，總希望有新對象來遺忘前任和曾有的誓言。

我們都在找尋合適自己的人。關係中，由「我」這個單數漸漸轉變成複數的「我們」，經營愛情要投入時間及力氣。所謂的「理想感情」是什麼？就算努力經營，「感覺不對」、「兩人沒有未來」、「他無法給予安全感」都可能是愛情告終的理由。戀人們總是愛得小心翼翼，像是在迷霧中不斷通過測試。

就算再嚮往，三觀不合，不必強融

愛過的人、走過的路，成就我們現今的樣子。離開舊愛，你要放下前一段感情裡的猜忌及錯誤，平常心看待眼前的對象，不然就是在愛裡找自己麻煩，別重蹈覆轍。

「不甘願」這三個字，並無法為你所憧憬的愛情買單。「走不出來」的癥結，往往都是因為「自尊受損」而不放過自己，或許你還在苦等一個不會有的答案。

但你心裡很明白，分手的理由只有一種，就是不能相處。

正向看待每一段相遇。走過「不那麼對」的路，才有本事看清「對的人」。

我們都想要完美的感情，我們不免苛求。然而，另一半是否能和你步伐一致，在你走慢時給予關注，才是感情能長遠的關鍵。若對方給不了，你也要給自己足夠的安全感。若兩人的世界觀、人生觀、價值觀三觀相合，自然就有安全感。對的人，一定有對話的默契，若三觀不謀而合那就更好了。

然而，也有一些人反覆遇見「錯的人」，搞得自己害怕談感情，甚至也拒絕接納新對象，就怕麻煩到別人，也傷害到自己。若你尚未遇見，不是不夠優秀，而是需要時間等待。你能做的就是活在當下，自在開心的與自己相處。

最美好的年紀，
對愛、生命及新事物要懷抱期待及想像，
不該恐懼地預設結局。

若你的內心還殘存一些黑暗也沒關係，不如誠實地面對傷口，也明白值得被珍視的優點有哪些。待傷口癒合後，你將更珍惜此刻的擁有。我們都渴望穩定的情感，假設看不到，那也只是「尚未到來」的「未來」，不需擔心。

在城市裡努力著，有時甚至太過用力生活，我們都是同一類人。世界總為我們帶來考驗，但也為我們帶來各種可能。卸下如烏雲般的防衛心、不安感，偶有雨天也沒關係，但迷霧散去後就會是好天氣。

你要愛著，就像不會被傷害

電影《壁花男孩》說道，「我們選擇接受的，都是自認為值得的愛。」每段刻苦銘心的愛情，都需要一個美好序幕，歷經時間來驗證對方是否為「對的人」。你所愛的、你值得的，之間往往有落差，選擇是一生的課題。

真愛，不需要你消耗心力及荷包

朋友有不錯的家世背景、穩定的會計師工作，以及交往半年的男友。一次聚會上她談及男友，對方不但不工作還時常向她索錢、要她負擔房租，甚至多次劈腿後求復合。名校畢業的她月薪五萬多，生活開銷之餘還要養男友，收支難以平衡。

像她這種高材生，現實及感情的拿捏，怎會失算？

當旁人表示同情時，她總會為男友辯解，認為他的浪漫如此難得，偷吃是因她忙於工作。男友利用她情感上的弱點，讓她甘願示弱、百般討好。當局者迷，朋友也並非免責，她不願正視長久的問題，以不斷的付出以得到對方的肯定，我們只能無言看她演出受害者的戲碼。

倘若缺乏價值感及自我認同，就更容易在愛裡失衡。沒有自信的人，最容易在戀愛時無止盡地投入金錢及時間。這樣失衡的過度付出，是錯置自己的自尊，愛情終究事與願違。

會受傷，都是因為你准許別人這麼對待你，與其尋求平復的解藥，不如先面對自己。

值得的人，才不會讓你受委屈

有些看似樂觀、光鮮亮麗的人，不願正視自己的自卑，遇到難題總先責怪自己。最終，閃躲自身情緒，迴避吵架的癥結，只求不被討厭，心裡卻住著一個委屈不安的孩子。

這輩子太長，若遇到值得相知相惜的人，確實應該努力付出，用心相愛。然而，就怕你的心意不被當一回事。你的認定如此奮不顧身，卻只是錯愛。無止盡給予愛，只是乞討關注，你有不可妥協的自尊，不要為了愛情而失去人格。

若只是為了「求全」，往往一路上只能走得顛簸崎嶇，沿途丟失自尊及自我。單方面的付出，只是讓自己陷入「更委屈」、「更傷害」的境界。

在感情裡真心實意地付出，但絕對不卑躬屈膝。對的人、對的愛情，並不需要你犧牲及委屈。愛與不愛之間，不自欺欺人，看清自己和他人的真實面貌。只有不那麼對的愛情，才會讓你作賤自己，獨自猜疑。讓自己正視問題，才有機會談一場大人的戀愛。

關於寂寞，你是忘記還是害怕想起

你談了一些戀愛，或說，太多場戀愛了。

能被你認定的感情有幾段，痛徹心扉的故事也有，但你絕口不提。為了生存，你貼近世俗，盡可能迎合他人，小心不成為愛情市場裡被淘汰的滯銷品。老掉牙的情書只能放在床底，慢慢來的老派約會也不再考慮，如今的第一次約會，不再有人在意儀式感的重要性。

忙碌的都會，人們的愛情只求速食，果斷地決定愛與不愛，卻不花時間相處。你一個人，你孤單，你被提醒該找個伴排解寂寞，你為了讓旁人稱羡。

為了不落單，卻讓自己更加孤單

於是，你勉強認識陌生人，路人成為伴侶，熱戀喊卡最是尷尬。相愛的激情褪去，連朋友都做不成，你又成了個體戶。當你對於流程越來越熟練，現代愛情隨手可得，說再見只是順便。急著在一起卻無心瞭解彼此，一切不過是膚淺的愛。

要是發現對方有太多缺點，那就再換一個人，你心想，總會找到一個人符合「理想情人」標準。然而，愛情並非達爾文理論，反覆的淘汰，真的會為你換來最適者生存的完美戀人嗎？

除了美好的外象，也得是能有對話及共鳴的人，不斷遇見錯頻的人，你只會在愛裡不停繞遠路。

誠實面對傷疤，

那是花樣年華帶來的成長，

明白自己想要什麼，就會留下怎樣的人。

心累了、玩夠了，你開始嚮往穩定生活，期望有人一同與你度過平靜的日常。不必遺忘年少輕狂的過去，是那些過往成就你現在的樣子。

不要急著不寂寞，要正視感受

當寂寞來襲，若你只能以交友軟體、朋友介紹去結識「新人」，不一定能撫平內心受損的「自尊」。

你要做的，是一鼓作氣地與那一段感情道別，正視自己受傷的事實，才能慢慢自我修復。新生活已然開始，好好思考他是否是你會喜歡、認同的對象？是否也會是你想要時常珍惜對話的那種朋友？

在下一段愛情來臨時，你不妨先慢慢整理生活的步調和心情，靜待的美麗總是在未能預料的時間發生。給彼此好好認識的時間，對得起時間，也才對得起青春。期許在未來想起時這是最好的相遇，你不妨先讓自己成為值得對待的人。

幸福，是你人生中最重要的本事

兩人從互相「欣賞」到「喜歡」，最終昇華為「愛」，從「獨自一人」切換至「二人世界」的過程有太多不能說破的考驗。

有的人，可以和孤獨相處；有的人，渴望肉體而爬上別人的床，卻潦草地定義為「愛」。

有人不再想單身度日，開始認真找尋契合的伴侶，盼望與對的人走進愛的殿堂。最好的一種，是兩個獨立又成熟的個體，不假設幸福只是隨機的組合，卻在相遇後發現能共享生活，而且兩個人還更快樂。幸福不是情境設定，而是你最重要的人生本事。

有時，你得先輸得起愛情，才能贏回自己

感情世界裡，兩人該是平等的關係。若一方不被平等對待，時間久了仍會失衡，爆發壓抑已久的情緒。在相處的時間中，耐心是一場肌耐力般的考驗。忍耐不一定能海闊天空，但也不該用來體現你在愛裡的智慧與偉大。

許多人用「小不忍則亂大謀」來說愛裡不能顧全大局的脾氣，不能

忍耐生活磨擦、不能吞下委屈，壞了愛情的全盤大計。然而，感情不能簡單套用，許多時候「忍耐」並不能「顧全大局」，你的另一半得要夠明白你的好，不然一切都是浪費，愛情無用。

感情的開始，你得認真觀察對方，不僅是保護自己，也確認彼此是否合適。然而，「忍耐」二字不是寬宏大量，放任對方糟蹋自己、數落自己，你的「包容心」不該用來浪費，任誰的愛都是如此稀有珍貴。

現實生活中，就算有「真命天子」或「真命天女」，若無心經營，只是一味地求全、隱忍，表面上的假象也並非是圓滿的關係。

「委屈求全」不該是你長期的人設，「忍耐」不該是整齣愛情故事的關鍵詞。長期的忍耐只是徹底地消耗你的良善，被搞得疲憊不堪，到頭來上演「苦命爛好人」的悲情戲碼，未必能從此幸福快樂。最終一擊，則是被旁人貼上「個性懦弱、膽小畏怯」的標籤，結局終究以悲情收官，全劇終。

當你想通後清醒，於是開始反擊。

你將莫名變成「不懂忍耐」的罪人，你害怕被別人的輿論綑綁自己所有行動，而「委屈求全」的勒索，恰如恐怖片裡的冤魂，原封不動又回到你身上，替你銬住「莫須有」的枷鎖。

於是你不禁質疑，至始至終所說的「忍耐」，到底好在哪裡？人善被人欺，究竟何時才會苦盡甘來？仔細想想，現實生活裡，根本沒有這回事！

愛要兩人成就，失愛只要一人成全

愛過也恨過後，你更明白自己的底線，以及如何保護自己。愛裡的大智慧，就是碰到相同課題時懂得拿捏、設好停損點。你可以堅持，但放下後就別再回頭，你要甘願讓自己成長。若已沒有了緣分，就學會各自成全彼此。

強留的感情只讓人心力交瘁，貌合神離的愛情無法帶來快樂。

自省過後，你領悟到「真正放手」對於自己才是能喘口氣的解脫。認真告訴自己，值得再次被愛，下一段愛情來臨時，也不再犯相同錯誤了。

沒能在一起的緣分，就冷處理地放生吧，這是唯一也是最好的方法。不必交惡、不盼望感情尚有轉圜餘地，你才是留了底線給自己。對方若不願和你一同走向未來，這也並非單方的選擇，而是對彼此好的決議，請不要再一廂情願，獨自努力的愛沒有絲毫意義。

不需委屈，你值得平等的愛情

奮不顧身愛上一個人，是一種認真執著的美好。學會愛人及被愛後，我們先是懂得如何把握，後來也明白如何放棄。若愛情走了，沒必要和自己、對方過不去，固執地不放手。

成為大人的你更加明白，「委屈」往往不能「求全」，甚至常是自貶身價，讓人心生厭惡。

就讓不合適的人走向他方吧，你有你要去的地方。

給不出去的愛是「冷暖自知」的養分，等下回愛情來的時候，細心思量後再給出更好的自己，打造兩人都自在的關係。最好的愛要一同成長，各有自己的速度，也能配合對方的步調，跳首有默契的和諧雙人舞，而不是失去尊嚴，帶著慌亂的心情獨舞。

旅行的意義，是終成眷屬或登出愛情

當感情逐漸穩定，戀人們總期待著和另一半去旅行。一來讓關係昇華，二來也透過密集的相處測試彼此，看看對方私下的面貌。旅行是愛情的隨堂考，考驗你是否值得繼續付出。第一次的出發，總是令人期待又怕受傷害，畢竟旅行就是關係的「照妖鏡」。

多年前的交往對象R，相處過程美好又自在。吃過許多浪漫晚餐、交換了許多人生見解，也曾在美好熱戀時談論起對婚姻的憧憬。然而第一次出國旅行，竟成了最後的回憶。

出發前夕，兩人分別換匯、預訂機票、酒店及當地餐廳。準備過程中，對方展現沒耐心且消極的一面，如「不必換匯，用信用卡就好了」、「不要住民宿，我喜歡有冷氣的酒店」、「你英文較好，你負責全部溝通」等。出發前的我，只能耐心地請對方一同分擔行前功課。

戀人的旅行，成了真愛大冒險

開始著手規劃時，當對方覺得安排行程太燒腦，我也試著從旁協助。我們也得討論彼此對當地文化的理解、時間的支配，甚至支付小費的共識等。計畫看似簡單，卻需要留心種種細節，甚至也得看顧旅伴的心情和喜好。

旅行是「現出原形」的愛情考察，
一拍兩散或關係升溫，都顯現了彼此的用心程度，
合得來、合不來，是假裝不來的事。

默契和溝通誠意固然重要，但價值觀往往是最大的考驗。許多情侶在旅行後戀情喊卡，原因往往都是無法面對想像中的完美與眼前人的落差，朝夕相處後才看出光鮮表面下的問題。

調整旅行的期望及步調

透過一趟遠行，若找到願意包容且默契滿滿的人，那肯定是最幸福的旅程。過程中，你得以檢視你與對方的感情基礎。體貼的一句關切、為你牽扶的舉動，甚至對於事物的種種見解等，只要你留心觀察，其實一切都有跡可循。

首先，行前討論彼此的期望，旅行的重點是什麼，說明自己的喜好，也確知對方要什麼。其次，雙方都應該參與旅程的全盤規劃，甚至討論預算的分配。第三，不要忘了投入當下，確實地參與旅行，別只是一直自拍、打卡，身旁的人更值得你好好陪伴。最後，感謝對方共同創造回憶，適度表達對方是如此好的隊友，若是壞旅伴也請慎重考慮是否值得繼續來往。

期待遇到好隊友前，也請你先讓自己成為不可多得的好旅伴。

工作與愛情，沒有平衡，只有取捨

任誰都想同時兼顧工作及感情生活，但現實總要你選邊站。在工作事業到達高峰時，和家人的關係、戀人的感情，同時也備受考驗。問題的背後，都是因為我們想追求完美的平衡。

好友L和男友交往六年，兩人論及婚嫁，卻因她長期出差、週末加班，兩人吵到不可開交。使得不配合出差行程的她被公司辭退，而另一半卻也因為不願再等待而提出分手。難以兼顧事業與愛情的她，最終兩頭空。

工作，是為了成就關係

職場本身已是莫大的考驗，卻也考驗著我們如何平衡生活。想好好照顧另一半及家庭，卻也得為五斗米折腰，收入來源成就你要的生活。不論是想成就事業、結婚成家，你可以不必涇渭分明地二擇一，這並非是絕對的選擇題。生活品質取決於雙方的收入，也考驗著兩人的金錢觀。

從不屈就工作的你，也別在感情裡委屈。人生中想要的那些，都只有平衡，沒有比例配方上的正解。若不想要主動地取捨，現實可能讓你兩頭空。不想看清事實，現實自會上門來，為你做出人生的抉擇。

建立儀式感，不讓「忙碌」扼殺感情

若終其一生只學會為工作付出心力，感情也只能平穩地「從簡」，這不是回到生活本質，更不是簡單過日子。學著建立兩人相處的「儀式感」，不論是週五下班後的晚餐，或是週日的一場電影，都能為彼此的感情升溫。更不要以「已是老夫老妻」來當成偷懶的理由。

不因為工作拋下生活，
給自己時間停下來發現美好。

感情要長久，相處時適時地關上電腦及手機，這不只是為了讓自己休息，也是給予對方「專心」的陪伴。高質量的相處時光，可以為生活增添珍貴回憶，回憶是感情的產物。不忘工作之餘的美好，要懂得和自己對話，也學會與另一半分享。愛情是如此誠實，單方面的付出無用，需要雙方共同維繫。

工作不一定會好好待你一生，一切都關乎選擇。工作與感情若失衡，往往是因為追逐事業帶來的成就感，而讓你忘了擁有的簡單幸福。重視的事就努力爭取，千萬不要空留遺憾。身為大人的你，對於想要的工作或生活，不該因害怕失去而苦苦強求。一旦有了「害怕失去」的念頭，就等於否定了自己的價值，要相信你是值得好好被對待的。

我們都「需要被需要」，也希望你愛的人懂得好好珍惜你。人生短暫，重要的事卻那麼多，好好享受愛人與被愛，是我們人生中快樂的要素。

最好的分手，就是彼此各自生活更好

即使和不同對象戀愛，為何愛情完結篇都是同一種落幕？愛情的模樣有千百種，但沒有開花結果的戀情大多是同一款。

真愛，才不會要你全然犧牲、無私奉獻

單身已久的朋友D，終於遇到心儀對象，這次有望穩交。他說，得要好好規劃兩人的未來。內心不太踏實的他去算了塔羅牌，老師一邊嘆氣一邊說：「二十八歲以前，你愛對方比較多！」老師神準，他自認為是任勞任怨的男友，但老師的言外之意是指二十八歲後就會遇到真愛嗎？但老師又說：「二十八歲後，你會愛到要看心理醫生。」

原來，他總是將對方視為完美的結婚對象，密集安排約會，二週見面數十次，讓對方難以喘息。安排好旅行後也不告知對方已訂好機票及住宿，興高采烈地想給對方驚喜，卻只讓對方備感壓力。

每一段戀情告終的原因都差不多，單身成了他的詛咒，任誰都改善不了他的戀愛體質。

愛一個人，情感濃度要慢慢「遞加」，才能細水長流。開始之前，你不得太急躁。你的急躁，有時會壞了二人前進的動力。

親密有度，要給對方和自己的空間

遇到有機會發展的對象，別一開始就為對方打滿分，不妨從六十分為起點，再慢慢地為對方加分。就算出現摩擦時，也能看出對方危機處理的態度、成熟與否，這些都是評分的觀察依據。

經過一段時間的相處後，若發現個性不如初識、步調不合拍，期望只會再次落空。要避免「因喜歡而沖昏頭」，不理智的愛情，往往是毀壞自己生活步調的開端。每一種關係都得「親密有度」，留下空間給自己，也留些時間給成長。

不甘心的愛情，才是最浪費時間的事

戀情的試用期，一旦確知對方不如想像中美好，若不適合繼續交往，就該趕緊踩剎車，結束關係。藕斷絲連的情感，大抵是因為「不捨得」、「不甘心」。明知對方沒這麼喜歡自己，自己也沒有心思投入，兩個不上心的人，怎能期待感情慢慢升溫？

若不想祝福對方也不需要勉強。最好的終局，是你好、他也好，彼此分開各自生活還可以更好。和自己相處，是重要的課題，選擇終止不適合的種種關係，卻也是一生學習的考驗。如王爾德所說，「愛自己就是開始一場延續一生的羅曼史。」

不要拖著，更不要浪費彼此的時光，不該再繼續的戀情，就請儘早解約。分手和離職一樣，永遠沒有最好的時機、最完美的說詞。釐清不要的那些，將有助於尋得你要的這些。留一點呼吸的縫隙給自己，留一絲空間給對方，也給彼此一些退路。

懂得永恆，進化成更好的人

每一段感情都有它刻苦銘心、難以抹滅的回憶。不論是愛過又恨過的釋懷放下、喜悅抑或遺憾，還是最終的失語、揪心的情境，都已讓此時此刻的你已然成長，現在只需要善待自己及他人，進化成更好的樣子。

過往十一年，總有個聲音不時激勵我持續往前。夜深人靜，我會播放蔡健雅的專輯，提醒自己放鬆、尋得共鳴及陪伴，抒發內心壓力並排解寂寞。

你的釋懷，不一定是選擇原諒，而是不自我苛求

當愛情劃上句點，就讓自己感受當下的情緒吧，就算難過也沒有關係。後來，你早忘了傷口如何癒合，「對的人」已不再是重點，但你仍保有對愛的基本要求，像是「信任」，也是關係中你最想要又難得的。

到這年紀，有些傷痛讓人百毒不侵，有些遺憾讓你活在當下，有些後悔就讓它以「有緣無分」定案吧，就算差一點就美滿幸福。

你的釋懷，不是因為選擇原諒對方，而是決定不再苛求自己、不再

追究。成就愛情，需要兩方的意願，分手的結局，雙方也同樣都有責任。

第一次犯錯是犯傻，第二次是不善待自己

抹去曾經的過去，不只是刪了合照、忘了情話，最重要的是檢視且覺察自己。戀情結束後，明白自己搞砸了什麼、做錯了什麼，是否還帶著壞事的脾氣消耗著自我。

先是承認過錯，才能在關係中蛻變。進一步明白「想要」與「適合」之間的落差，不再複製上一段告終的戀情。若想要修成正果，就別讓你過往的問題成為下一段感情的病灶。

不讓遺憾繼續綑綁人生，積極地尋回生活

活在過往不僅是不放過自己，也無法敞開心胸接納下個對象。親愛的，好好重新出發，別心急。

找到有默契的人確實不容易，你們最好是嚮往同樣生活，也看向同一個未來。有一天，你會發現這世界有許多陪伴你的溫暖，然而真正陪伴你成長的人，其實只有你自己。

整理好心情、拾回勇氣，
請繼續相信愛情，別封閉自己的心。

愛情篇的終章獻給歌手蔡健雅，感謝她和她的音樂映襯夜裡的每個自省時刻，也感謝她陪伴自己的十一年回憶。每一段故事，感謝都有她陪著我喜悅、難過、挫敗的讀心歌曲。

重拾心的人，不再對未來設限

這些年，認識了不少人，也和不同的人約過會、吃過飯，但結果總是無疾而終。其實，你很清楚「中途離場」的原因在哪裡，也早已看透每段關係的結局。唯一讓人不放棄，還持續堅持著的理由，可能是因為心中仍懷有「愛，依舊存在一絲善意的互動」的信念，並相信對方或許也像你一樣，仍期待愛情最終能開花結果於是，反覆調整擇偶條件及設定，放寬期待，也重整失落的感受，只為了在追逐愛情這條路上，盡可能少點重挫、讓自己減少一些追悔的遺憾。

無論是在什麼管道認識新的人，從隨手可得的交友軟體，到同事推薦的特定社團，或是親朋好友、長輩安排的相親飯局，在這個繁忙且講求效率的城市中，愛情的定義，似乎只剩下「我們算是在一起了嗎？」這個問題。

人們迫切地希望從這段關係中得到一個明確的答案，好讓自己心安。獨自一人空窗太久，既嚮往又不敢過度期待，內心深處總有個聲音囑咐著你，非得去找另個人來陪伴自己才算得上正規人生。年歲漸長，越是無助沒自信；日子堆疊越久，越是自我懷疑。

寧願是弄巧成拙的初犯，也不成為勤能補拙的累犯

過去，你總是把最好的一切、另一面，徹底展現給愛人共同分享，無論是否牴觸自尊或底線，兩人在一起能夠追尋快樂就好。只貪圖愛人回應一抹肯定的微笑，便讓你心甘情願地繼續付出。你總是默默的承擔更多，不斷祈禱愛情在走向終點前，能有更多亡羊補牢的機會。希望在遺憾與不愛發生之前，彼此能夠保留一絲善意，用天真的愛去感動對方，期待他能夠留下。

很抱歉，這樣的胸懷並非每個人都能買單。生而為人，誰都一樣，我們都在人與人之間不斷選擇。

在最好的年紀，學習「擁抱遺憾」是我們與情感相處的終生課題。情感並非總是無止盡的給予，說穿了，其實心底早已預知故事的結

局，無論你如何努力抵抗或彌補缺憾，若這段感情注定沒有歸屬，那麼，唯一能做的，就是果斷止損，為自己創造與未來對的人巧遇的機會。

預習過傷痛，複習過修復，那麼就再來一次！

宇宙總是如此幽默，有些關卡越是逃開不面對，越會在下一個階段再次遇見。祂似乎就是要你「學會保護自己」，並在未來某一天，找到理想的愛人，終成眷屬。

人的一輩子很長，你怕來不急好好享受人生，或者找到對的另一半共度一生。若有幸遇見，就好好用心相處、珍惜當下。有時，我們容易陷入胡思亂想的小劇場，深怕付出過了頭，對方卻不是真心相待，最終愛錯了人，回到孤單的起點，再次陷入那不願面對的孤獨感。

然而，不要預設太多悲情故事的自我投射，每段情感其實都在訓練我們如何與他人建立信任、學會在相處時刻舒服自在，更多時候，是在叮嚀記得「聚焦自己」。一段刻骨銘心的愛情背後，必須經歷反覆的學習，而這過程告訴我們，不應為愛而妥協，不應丟失自尊、拋棄人格。

不健康的情感才會使人喪失自我，進而輾轉難眠、無法心安。當自己感到真正踏實與敞開心胸時，才會像個成熟的大人，看見眼裡有光的自己。

關係的主動權本該握在自己手上，

並非交付對方替你決定一切。

狀態舒服了，對機會保持接納，凡事皆可能

結束一段感情後，你早已練就了一套應對的本領，從選擇措辭到開口表達，再到經歷療傷的孤獨期，最終昇華為重生的破繭而出。經過自省，雙方的解脫其實是種救贖，也是最好的結局。

當靜下心來看待這段關係的結束，最初或許會有千百種不捨、不甘和怨懟，突然失去了與他共度的日常，感覺非常不習慣，彷彿陷入了原地打轉的陀螺。

或許是看透多段的愛情，或許你曾耳聞各種令人無奈的分手藉口，對於逝去的感情，多了一份「參透、領悟、放下」的從容與決心。不再像個孩子般哭天喊地，期待奇蹟般的峰迴路轉。並不是你變得冷酷無情，而是明白不應讓情緒停留太久，影響工作和生活，甚至妨礙雙方各自的新生活及未來的發展。

重新再進入一段關係，誰都需要放緩腳步、仔細觀察、多些交流相處，但也別讓過去的不幸成為阻礙幸福到來的障礙。

請相信，經歷的痛楚並不是對愛的否定，而是提醒我們保有對愛的善良、對他人的誠信，以及勇敢擁抱遺憾的本能。你得鼓舞自己，不要在最好的年紀，放棄繼續被愛及愛人的資格。

當狀態舒服了，所謂對的人一定會出現，確實值得你耐心等待！

AGORA
Trendy Weaver

慎選朋友，你是好友們的總和

2

總有人想浪費你的時間，但時間要留給值得的人

每個人生階段，朋友圈反覆淘汰，甚至連你自己也被別人淘汰，這是必要的整理，時間不該消耗在不必要的關係上。消磨他人心智、用毀損惡言傷害人的朋友，就「斷捨離」吧。若在人前笑臉迎人，背後嘲諷他人短處，甚至加油添醋，面對這種偽善者，你只要微笑，不必掏心掏肺，彼此過各自的人生。

時間有限，經營友誼要懂得篩選及分類。然而，工作上的點頭之交、不熟識的朋友，在未來也有可能助你一臂之力，為你帶來更多意想不到的可能性。能讓你大開眼界、具正向影響力的友誼，絕對值得經營，但也不能刻意強求。

有次，我出席一場朋友的生日飯局，鄰座男士得知有位律師朋友即將到場，立即和他人交換位子，刻意拉近距離，接著殷勤迎合話題，打聽這位律師的家世背景與工作地點，不顧旁人眼光，目的是要他協助打官司，並且給予「好友價」。弄得當事人尷尬又無奈，而旁人看著也憋扭。

友誼要建立在實質交流，
有對話價值又親切誠懇的人令人如沐春風，
相處再久也不膩不倦。

你可以當個有趣的人，開展令人有興趣的話題，樂於分享不同觀點。在能長期維繫的友誼中，雙方絕對懂得截長補短、創造雙贏，同時有不遠不近、舒服相處的空間。

確知自己在朋友眼中的價值和定位，才能繼續維繫彼此的情感。你認同、我也甘願，關係才能建立，請讓自己成為值得交陪的益友。

每段關係都不過度用力，友情需要喘息，你需要獨處

以前看《慾望城市》時，總以為進入職場工作後會如四位主角那樣，週末一起吃早午餐、喝香檳，聊著彼此的生活。直到工作多年後，才明白這不僅不是好的友誼互動，甚至可能是災難的開始。

太頻繁的相處，會讓彼此難以喘息，甚至沒有更新近況的趣味，緊

迫盯人只會當不成朋友。強摘的果實不會甜，過於透明又無隱私的關係，難免因不知拿捏而踩線。每種關係，都有適合保持的距離，而你也得保留一些時間給自己，這是能維繫一輩子最長遠的關係。

不合適就喊卡！不被拖累，也不當他人的絆腳石

益友的談吐令人自在，若對方不論專業知識、人生視野，生活上的價值觀，都令人嚮往，就是有趣又有才且值得交往的朋友。不妨與他循序漸進地培養情感，若有誤會或摩擦也要及時釐清，優化友誼質量。

工作忙碌之餘，也不忘建立新的人際關係。朋友固然重要，但也不要本末倒置地占據你人生中過多的比重，讓自己過於繁忙，守著「簡

單輕鬆、親疏自在」的相處模式即可。

就算有再多的時間，也不該被他人牽絆你的人生。在關係中保有相互的尊重與禮貌，大致便已足夠，相處時更不該讓任何一方感到緊繃或尷尬。

每隔一段時間，都要平心靜氣地一一盤點「關係」的必要性，若有負擔或多餘的，就請狠心放棄。你不該擔心因此而少了一個朋友，而是該開心多了時間能夠認識更好的朋友。

走散了朋友，留下了人生

任誰都曾有過一群有革命情感的重要朋友，無話不談，偶有摩擦也包容彼此，後來卻決裂或不再聯絡。多年，每每想起那些存在心底的朋友，總有些許遺憾及傷心。說好要當上一輩子的夥伴，卻不再提起、不再見面，形同陌路。

在我那一群朋友之中，有位主導氣氛的要角，也有一位個性敦厚、冷靜沉穩的朋友。兩人一搭一唱的絕佳默契，從工作到生活都有各自見解，為大家的友誼增添不少光彩。有一天，兩人因工作理念各執己見，曾有的默契不再，強勢的人剛強不退，而溫順的人也不讓步，以爭執收場。往後，聚會上再也見不到兩人同時出現。我們都有過像這樣無疾而終的友誼。

關係的大風吹，靜止沒空位就大方離開

隨著年歲越大，留得住的朋友卻越來越少。不說誰是誰非，取捨本是一堂必修的友誼課程。相識的意義，因時間而得到誠實的驗證，彼此漸行漸遠，也可能是我們先行離開，不論是因為背叛或是傷害，後來的我們願意解釋的只會越來越少，也是因為反覆練習「離別」，面對去留也更能自處泰然。

值得的友情需要有心的維繫，
但也得順其自然，誰也不勉強、誰也不委屈。

還記得小時候的椅子遊戲嗎？我們配合音樂，注意身旁的座位及競敵，音樂結束後，奮不顧身地搶取空位，來回轉折中，椅子越來越少，參與者逐漸遞減，這就好像一路上我們丟失或主動淘汰的友誼。為了人生目標而努力前進的同時，我們總會與他人碰撞，路上也不時因身分轉換而改變三觀，於是朋友、或我們成了被取捨的項目。

終於了解很多事是努力不來，好比友誼

人生沒有全然的獲得，只有「取捨」。每個年紀都有屬於那時期的平衡，就算切換重心後難免暫時讓生活失衡，但我們仍然要直視內心

真正的想望是什麼。

以平常心看待友誼的終結，無需感嘆或惆悵。就因為走遠的那些朋友，讓你不只是更理解他人，也會更理解自己，以及確定人生路上所需要的關係。原來，每段關係的開始到結束，都有其原因。所有「取捨」都會讓我們學到什麼，就算當下不明白，也總有一天會知曉的。

以前，我們都曾委屈討好，懇求對方的情感不要變質，盼望自己不要被拋下，後來才明白很多事根本努力不來。當友誼不再，難以對話也不必尷尬，過期或變質關係就別強求了吧。若決定友情不再續約，就彼此微笑點頭，握手結束這一局吧。

能陪伴一輩子的旅伴，引領我們看到更美的風景

一同經歷過人生大小事的朋友當然稱得上「好友」，但能相知、相處的「好旅伴」卻少之又少。兩者定義大不相同，不同的朋友在你心中肯定有重輕之分，出場的時機也不同。

「好友」為你真心付出、為你義不容辭。而「好旅伴」不見得是最交心的朋友，但絕對有各取所需、互相退讓的情誼，願意以「公平」

的前提付出。就好比旅行時，可以一同前往並分攤旅費，也能暫時離開去展開各自的探索。自在地相處，不玻璃心、不情緒勒索，讓彼此享受旅程的美好。

面對突發狀況，情緒先放一旁

連共同旅行的夫妻、情侶都難免吵架了，更何況是朋友？一位朋友A參加公司的南法旅遊，才到機場，就有一位同事把護照忘在家裡，大家臉都垮了。後來，他連飯店房間都忘記預定，不但讓同行旅伴們感到不愉快，也影響了假期的品質。

這位情商特高的朋友說，面對這些狀況，他即使心裡氣急敗壞，也完善地提出補救辦法。情緒化的應對，只會壞了自己和大家的好心情，浪費時間也無濟於事。後來，他理性且成熟執事的氣度，在突發狀況後讓同事們更加崇敬。

談錢傷感情，不談錢又傷心

決定旅伴之前，請先考量彼此的金錢觀、飲食習慣，以及生活作息，因為會成為導火線的往往是這些小事。確定後，可以一同討論行程，再三確認彼此想要造訪的景點，也誠實地說出自己對這趟旅行的期待。可以適度提醒，但不要耳提面命給予對方指令。出發前，也要再次確認各個項目大致如何付費、占多少比重，萬一觀念相左而在途中發生爭執，彼此都不愉快。

談錢傷感情，但不談錢卻會傷心。旅費上不論多付或少給，彼此都會有無形的壓力，就用均分的方式吧，「明算帳」是分攤旅費的最好方式，情分和金錢都不虧欠。為避免彼此不必要的誤會，每到一個定點可以「當下清帳」，或是另準備公費，省去不必要的麻煩。

成為主動體貼的旅伴，不是消極的「旅絆」

旅行之中總有不能預期的意外，如班機取消、天氣不佳，這時，旅伴若是正向且思考有彈性的人，即使面對再多的突發狀況，也能讓旅途憑添驚喜，而你也賺到一個值得共患難的好友，不只在這段旅程上，而是你的一整段人生路途。

相處時間密集就足以觀察到他人的優點，卻也能近看到許多缺點。隨著旅途進行，旅伴的真實面相一一揭露，再小的細節都可能成為冷戰的導火線。你將發現，有些朋友適合留在日常，保有距離的相處反而更自在。給予彈性空間、彼此尊重，並樂於敞開心胸的人，肯定能陪你去看這世界上更難得的風景。

同時擁有最保值的朋友，及最保久的工作

與好友一同並肩共事，聽來像是美事一件，是吧？情誼可如膠似漆的維繫，同時獲得工作上的薪酬及成就，多麼幸福的夢幻日常。

身旁一對好友S與D，就是因為共事而由愛生恨。兩人同期進公司，白天一同搞定難纏客戶，下班一起逛街吃飯。有天，老闆有意讓S升職為部門總監，人緣頗好的她紛紛接獲同事們的贈禮及道賀。

同時，D卻被客戶投訴抱怨、未順利達標KPI、被老闆緊盯業績，交往五年的男友竟也在此時提出分手。

事事不順心的D不甘願，認為兩人共同開發業務，老闆怎麼能獨厚對方？百思不得其解的她，以時運不佳來自我安慰，卻也開始有一些小動作。

D自行竄改一份國際客戶的簡報，寫上德語髒話並以S的信箱寄出。客戶大怒且取消會議，回信說感到不被尊重。S被公司要求賠償訂單損失的同時，發現寄件備份有信件發出，而D是唯一知道她密碼的人，卻只能默默吃悶虧，她只能保持距離以求自保。

後來，兩人不再同時出現，這件事讓我更加明白一件事：「一旦決定要一塊工作，我們自然就不是好友；正因為我們是好友，所以別一起共事！」

親密有度，工作上的交情不必是友情

若能建立良好的職場情誼，將有助於對公司及工作的認同。彼此能投其所好，成為工作上的好隊友，就是因為個性、興趣及價值觀相近，也有十足的默契。然而，對方也可能因為工作上的利益、自覺苗頭不對、自身權利受損，選擇自保也不管他人。偏偏這些職場密友手上往往都握有你的把柄，包含隱私，以及對公司的種種觀點。

關係密切時，每件事都值得慶祝；一旦關係變質，他們往往擁有你最多不可告人的祕辛，確知你的致命要害。這般親密的人亦敵亦友。人生不一定會有一輩子永摯不變的朋友，但你也不會想要一輩子視你為敵的仇人。

結識的初衷，本該簡單自在。朋友若成了競爭對手，難免會較量及爭鬥，也就偏離了初識的良善。友誼要建立於平等關係，同事及好友的雙重身分不僅打亂立場，也讓「公私」界線變得複雜。先不談是否「難做人」了，更可能會面對尷尬到「裡外不是人」的窘境。

錢與利的情緒勒索，何種劇情都不意外、不奇怪

朋友之間的「情緒勒索」常以情感為要脅，像是「我們是好朋友耶」、「關係能親上加親啊」全都是為了利益而要他人順從的說法。當對方揭開狼皮、露出真面目，你只能怪自己讓關係變得複雜，最終只能互不往來，成為最熟悉的陌生人。

保持適當的距離，情誼更有空間、更能綻放驚喜。

不要將關係打上死結，難堪狼狽的都只會是你。職場上，若遇到交心的同事固然值得慶幸，但也無須特意建立親密友誼，甚至搞小圈圈。保有關係中理性且明確的界線，不涉及金錢與利益，才能鞏固長遠又保值的關係。

每段關係都是稜鏡，期許自己成為不折舊的朋友

我們難免有負面能量，但別讓消極心情影響判斷及決策。對專業經理人而言，工作時若透露出負面情緒是相當不專業的幼稚表現。然而，下班後也得要切換人設，讓角色卸任，我不時會提醒自己：「親愛的自己，你下班了，脫下嚴厲的口吻及嘴臉，消極面不該分享給身邊的人們，這樣太不道德了」。

我們所扮演的每個角色都有不同的重心，別被另一個角色設定而影響到下個場景。當朋友滿心期待與你見面時，你卻以失落及消極回應，身為朋友的你，又會如何被定義呢？平靜的心，是通往長遠情誼的康莊大道。不要讓自己的感受影響到與好友的關係。若你心情不好，也肯定會影響到此刻的氣場。就算情緒難以消化，也不要讓朋友無端受氣。

欣賞他人優越之處，超越平庸

你「看不慣」的人可能很多，「討厭而不再見面」的可能也不少。當你花上太多力氣及時間排斥他人時，不妨想想對方為何有能耐與本事讓你心生忌妒。若是因為自己的肚量太小，你得試著欣賞對方的真本事，反思自己的不足之處。同時也要學習觀察對方是如何投入更多時間及精力，帶著決心來超越平庸。

任誰都有黑暗面，但深思被他人針對的因故，也能反映出自己的盲點及問題。若你夠有本事、夠有自信，就有足夠重量不讓自己被情緒牽著走。找出喜歡和不喜歡對方的原因，就能公正地換置思維。你能做的，就是改變自己。

你的友誼有多少價值？會折舊嗎？

面臨生活裡的重大變故，或身分轉換之際，都會有一些新的朋友加入，於此同時，你也可能因忙碌而淡忘舊識。然而，情誼很可能因時間而折舊，但我們仍有機會再次評估、重新定義朋友的分量。朋友會離開，也會有新到來的人，以平常心看待，適合的歡迎，不適合的歡送。真正難得的朋友，不必每天二十四小時陪聊，而是在你需要時伸出強而有力的手臂，也在你一帆風順時提醒你未雨綢繆。

你也會同時被新、舊朋友評量，在他人心中的定位被迫調整，但面對人生的洗牌，不需要有得失心。

無價的友情需要經營，你花上多少時間灌溉，友誼就以那般力量茁壯。成為大人的你，早已不需要酒肉朋友來證明成就及價值。多花心思與益友保持良好互動，延長彼此的情誼，避免成為被折舊的人。成為他人心目中的重要之人，自然就會被好友們幸福圍繞。

無論你們是在何種場合結識，「真誠對待」是不二法則。現實和時間會幫你淘汰不必要的朋友，請珍視留下來的人，並以尊重及誠信與之相待。

學會當個體貼、成熟又有趣的大人

面對不同人事物，我們總會換上不同身分，角色及語氣也因而轉換。不論是在日常生活或工作職場，你與任何人的相處樣貌、處事態度、面對危機的表現，都是不同面相的你。

朋友V對事物總有過多看法，憤世是他的常態，再小的新聞報導都值得他批判及酸罵，言語之中甚至還會調侃朋友的外貌與價值觀，就算是八竿子打不著的人也被莫名加入「嘲諷清單」。

「口頭關心」成了他窺探初識朋友來歷及薪資的說法，對話中除了吹捧自己也不忘打壓旁人。久而久之，大家一聽到V要參與聚會，「不克前來」便成了大家的默契，任誰都想杜絕與V相處的機會。

總有些人打著「個性直來直往」的免責權來數落他人，以強調自己的存在。然而，「關心」不該成為任何人被動接受批判的藉口。

到這年紀，我們已結識許多不同成長背景的朋友，更明白不能以偏概全，將個人的評價套用於任何人。無憑無據的猜測，都是個人自以為是的斷言。一旦少了願意與你來往的好友，短期內會侷限你的視野，長期則是杜絕掉你人生的種種可能。

換位思考，是維持善緣的最好要件

職場上的競爭場合中，許多人因害怕被別人拆穿、戳破，總先發制人主動攻擊，免得被對手搶先一步。有些攻擊聽來像氣話，有些則是半開玩笑的揶揄。若你也想被好好對待，請學會將心比心，這才是與人和平相處、經營善緣的不二技巧。

留些餘裕給自己，保留想像空間給他人

關於你的大小事，不必每件事都要向外人（甚至是朋友）交代清楚，保持舒服的相處節奏。多數人在工作之餘已少有自處時間了，下班後回到住所，除了與家人、另一半培養感情，睡幾小時後起床，就

繼續回到工作場域為五斗米折腰。人生都這麼忙了，重要的事這麼多，別讓生活只剩下有負擔的應酬及社交。

為生活留白，一旦確知不重要的那些，你就會明白重要的是什麼。

留時間給自己，更能提高工作及生活上的專注力；調整身心，更能維繫關係。經營友誼，也保有一些神祕感，讓下次相見時有更多新奇的話題。

為自己的生活細節上帶來一些值得期待的變化，學習新知、看一場電影，甚至閱讀一本書，都有助於話題的開展。每天都要讓自己學習成為更有趣的人。

八面玲瓏可以，但小心別令人厭惡

社會的洗禮，讓我們不免逐漸「世故」。就算練就一身「兵來將擋，水來土掩」的功力，你仍覺得八面玲瓏的自己有點辛苦。成長帶來的經驗值，讓我們在面對人生考驗時不再怕生，漸漸成就今日的模樣。

然而「世故」並沒有不好，它讓我們更懂得待人處事的分寸，提醒自己不因冒失而犯下大錯。就算你外表已是個體面的大人了，也要提醒自己在關係之中不攀附、不遷就、不越界，始終保有真誠。

自在且平等的關係，是人生中不可多得的寶物

熟識多年的朋友有深厚默契，也知曉彼此的脾氣，知道如何避開對方的「地雷」。時間教會我們許多課題，也讓我們學會寬容，留給朋友多點溫柔及空間。

贏了此刻的注目，卻輸了人們對你的尊重？

由於不同的成長背景，每個人對於世事都有各自的評價，不需要在他人身上強加你的價值觀。朋友相處要真誠為善，但也能換位思考，別將自己的認知投射於他人身上。

不同的個體難免有認知上的分歧，若一時口快，贏得檯面上光采，卻賠掉長期經營的情誼並不划算，也丟失了朋友對你的信任與尊重，多年耕耘的友誼被你一次梭哈。你開心，因為贏了面子；你不開心，因為沒有人真正懂你。

靜默的配角，也有非凡的人生意義

大人的真友誼實在太難得，值得你放下身段，但關係經營的每一步，進退都是學問。距離疏遠，難免多了猜忌及顧慮；交集過度親密，則欠缺喘息空間。

二十歲時，你在乎他人如何看待你，想在朋友圈裡拔得頭籌；三十歲的你，學會旁觀關係中的「自己」，你是否因為這樣的友誼而成為更好的人，朋友是否也因為你的交心而快樂富足。

在朋友圈裡，你不必一直扮演主角。偶爾是群體裡的領頭羊，但不能總要旁人成為你的配角。若是自卑感作祟、欠缺自信，為了證明自己的存在，以「老大」自居只會拉遠彼此。你是該遠離損友，但也不要成為他人眼中「有毒」的朋友。

聆聽者也好、主導者也罷，
平等相待，友誼才能長遠真摯。

你要的是實質的情誼，接收朋友真實的坦誠及指教。作為一個不可多得的好友，你得偶爾改變立場並切換角色，有時是細心關切的聆聽者，有時是主導話題及活動的人，適時設身處地，有朋友圍繞的你，人生很難不精采豐富。

有人氣，不見得有好人緣；有好人緣，不見得要有好脾氣

最受歡迎的人，不一定擅長於炒熱氣氛，但一定是互動的高手，一個眼神就掌控全場，和誰都有對話的好默契。真正的朋友不見得一定待人親切、和藹可親，但一定願意在你失戀時傾聽苦水，需要時當你的靠山。

漫漫人生一路走來，你會和許多人走失，也會有些角色主動離場。留下來的人，自會明白你的。請好好珍視那些疼惜你的人們，彼此陪伴扶持、給予忠言與鼓勵，這樣的關係將是你不可多得的珍貴寶物。

那些不再聯絡的人，行同陌路並非偶然

人生路上，沒助益的損友就直接切割吧！別浪費時間又勉強自己。

友誼之所以能建立，是因為相近的價值觀；然而，漸漸不再聯絡，也多是因為理念相差甚遠、生活型態轉變。事隔多年想起，或許你仍會無奈及傷感，但離開的人往往是必然。不說再見卻也不再相見，是你們最後的默契。關係親近，對你瞭若指掌的人，越有中傷你的本事。你該積極應對的，是要「放寬心」，對傷痛及苦楚釋懷，讓自己變得更加成熟，且勇敢無懼。

損友，不只在索求利益時殷勤討好，甚至還會如貪狼般悲情地要求施捨。而真正的好友，是你未曾開口，就從旁默默給予溫情及協助。或許你也曾拿真心卻換得絕情，來來回回的，連自己都忘了當時是如何傷心了。

失去珍視的情誼肯定令人難過，想費心挽回在所難免，但你的時間與感情也很寶貴，與其花上洪荒之力成為單向付出的人，何不轉身擁抱那些真正關愛你的人？若將關係比擬成一場投資，你將獲得錦上添花的加倍報酬。人與人之間若能因理解而彼此吸引，那麼，走遠的朋友也只是另一種注定錯頻的領悟。

適時放生不值得的人，放下不必要的關係，也是功德圓滿、好事一樁。

關係的斷捨離，不只是斬斷爛桃花，許多不健康的友誼也得要捨棄。人際關係的付出必須設立停損點，才有空間留給自己，也留給更值得的人。

沒有什麼是不變的，關係也要適時微調

就算再好的朋友，你都得預留最後一道防火牆，畢竟我們無法確知誰才是永遠的朋友。若被珍視的人背叛，往往讓我們從此難以信任他人。任誰都曾有過被曲解誤會的時候，若還得看著對方裝成若無其事，假裝熱絡問詢的樣貌，實在太痛苦。

像這樣假面的朋友，不妨輕淡以對，至少你問心無愧，還不如把寶貴的時間用來經營更值得的緣分。關係本來就該有親疏之分，適時調整為適切的距離，才是讓關係保鮮的不二法則。

友誼不必多，選擇有質量的好朋友

身處這個時代，「善良」尤其難得，所以千萬不要被消耗了。明白自己值得被愛，就更該好好選擇成就你生命質量的人們。有些人能增擴我們的人生視野，有些人不再與我們有交集，只是緣分到了；關係的斷捨離是必要的人生整理，如此你才能把自己交付給懂得善待你的人。

工作後的我們，與同事相處的時間，遠遠超過和家人及朋友的共處。隨著時間，那些職場上的熟人或許也有些逐漸成為你的朋友，他們的模樣、談吐及思維，也會潛移默化地影響你，甚至影響你未來一至三年的發展。一段關係的長短，都建立在雙方的契合及信任，考驗著彼此情誼的強韌度。

將關係要化繁為簡，靠近更優秀、更積極的人，如此一來，踏實的目標、美好的期待自然會湧現。理想的人生，多半是因為與理想的朋友建立友誼。這樣的關係值得你投入心力，讓你看見多采的價值，也為你帶來幸福的絢麗。

過度真心有時危險，你得理解傷心額度有限

週五下班後和朋友相約至餐酒館小酌談天，慰勞自己辛苦工作一週，酒精與音樂讓人放鬆，釋放壓力。然而，過度放縱只會讓人身處不切實際的虛幻，影響判斷及思考。

好友Amy外型姣好、思想活躍，在廣告公司擔任高階主管。工作時長柚善舞，深受客戶青睞。三十歲的她前景看好，也嚮往以結婚為

前提的穩定關係，期待婚姻能讓她脫下「工作狂」、「女魔頭」的頭銜，開啟以家庭為重、生活單純的主婦人生。

週五夜晚，她邀朋友們去夜店為她慶生，盼望為日常帶來一些火花，或許找個男人談心，若能因此而遇見心儀對象、談論婚嫁，也是美事一件？

生日派對過後陷入熱戀的她，經常對著手機傻笑，不僅明顯失去工作的熱忱，甚至還搞砸了幾個重要案子。老闆不得不讓她降薪又降職，但Amy一心認為再過幾年自己就要結婚了，工作不是人生重心。身旁朋友好言相勸，要當局者迷的她振作起來，別被愛情沖昏頭，打亂原先的生活節奏。

沒過多久，花言巧語的男人露出狐狸尾巴，騙走了她近四十萬，幹練精明的Amy落得狼狽不堪，悔不當初。

暈船後的現實：下一站，未必幸福！

對於突來的邂逅，人不免會燃起對新奇的期待，這時請理性提醒自己：心動的感覺，確實能讓我們跳脫日常的平凡，但千萬別讓情感上的過度嚮往而破壞了應有的原則，甚至影響到工作與人生排序。一旦戀情與日常節奏有了衝突，有時換來的並非浪漫故事，而是成長的昂貴代價，以及混亂不堪的步調。

因寂寞而開始的關係，注定走得不遠。更別說聲色場所裡，來自陌生人的居心難以窺視。若想在此尋求戀情，你若玩不起，人生課題便再添一件。

若碰到「逢場作戲」的酒肉朋友、「各取所需」的床上玩伴，你更不能上心，曲終人散就走人。從粉紅濾鏡看出去的世界，難以被日常承接，但你玩弄的卻是你的真實人生啊！

關係若因孤單而開始，往往也會以寂寞完結。就算因此從一個人到兩個人，心境轉換及生活習慣也將有必然的轉變。在關係穩定之前，彼此要花時間相處及對話，這能讓戀愛中的兩人獲得踏實的安全感。此外，也需要做好自我的調整，不理性的投入只會讓你再次對情感失望，被愛情放生。

想在燈紅酒綠的娛樂場所結識朋友，
就要保有「過客」心態。

在這個虛實不分的社群時代，拿出真心已不容易，更別期待能在逢場作戲的場合聽到真話。你可以結交新朋友，但不一定要掏心掏肺。你都是個大人了，自尊不允許你一次一次交付自己，然後再一次一次的傷心。

最大的誤會，莫過於你在對方心中，不如你自以為幻想的地位。初次見面，保持適當的安全範圍，不僅是保護自己，也有機會讓他人慢慢認識及瞭解與你共處的美好。

不強求的關係有時更長久，重視每一段關係的「品質」，才不虛耗你人生最寶貴的時光。

你可以對自己善良，但沒有誰能強迫你喝誰的心靈雞湯

或許那人不是真的笨，他不過是「善良」，總希望每個人都過得好好的。

朋友待業時，他希望能幫忙轉介不錯的工作、爭取好公司的面試機會；朋友沒錢時，他自告奮勇地衝去結帳、資助生活費，只希望對方能好好吃飯，好好過日子；朋友苦哈哈地盼望新戀情，他也跟著留意

身旁的好對象，希望能促成一段良緣。

認識近二十年的好友D，總是熱心助人，朋友們的事都是他的事。他的「善良」，卻沒有讓上天多眷顧他一些。他愛上了積欠卡債及房租的渣男，連帶自己的日子也過得苦不堪言，不僅要朋友們一同「資助」男友，甚至要大家介紹工作。

善良的人，讓我們更願意相信人性，也更相信人生。願意挺身而出的朋友總是毫無「私心」，全然不保留。然而，助人時若付出太多，甚至超出自己的能力之外，只會換來滿頭包、一身腥。濟世精神和聖人非凡的情操難得。但是，你最重要的本分，其實是「先照顧好自己」。

都自顧不暇了，怎麼還有力氣助人呢？太善良的你，要不要先打理好自己呢？很多時候，善良之人總是最快下台、最早領便當，等不到時來運轉，也沒有人生伯樂。

很遺憾，善良不一定會感動上蒼。

有毒的心靈雞湯，你要喝下，還是倒掉？

許多人以「善良」為號召，說善良待人，日後才有福報。洗腦的語術不外乎「你寬宏大量，應該原諒他」、「要放下釋懷，人生柳暗花明又一村」、「你值得更好的」等等。

空乏的話術試探著良善的底線，面對他人過錯，你不能全然包容。若你凡事都設身處地為人著想、付出，面對這些只是為你帶來傷害的人，你真要用人生相陪嗎？若旁人要賣你明知有毒的雞湯，還說這可以「調節身體」、「有益身心」，你真要勇敢地喝下去嗎？他人口中的良藥可能對你無效，甚至產生身體難以消受的毒性。

我們都只在社會上打滾的普通人，難免有負能量，也被群體期待要做好情緒管理、情商控制。然而，你也不必抱持著包容全宇宙的情懷，總想當個正能量滿滿的善良分子。時間有限，人生有種種的現實挑戰，你只需要當一個知足的人就好。不勉強自己，不強求快樂，就是讓心自由的開始。

跨不過的下半場，人生不再見是種高級問候

面對相識數十年的老朋友，卻露出了尷尬的神情。你是否曾想過一種可能：或許是你早已心力交瘁，隨著夢醒後的好感漸漸消退，見到對方時，內心的不耐煩無法隱藏，只希望能儘快離開當下這個共同的空間。

有人說，超過五年或者十年以上的交情，肯定知道某些一觸即炸不

能碰觸的地雷，甚至無需言語，眼神相交便可心領神會，擁有十足默契的共鳴。

過去的上半場，大家風光明媚，情誼深厚，讓人稱羨。每週相約幾次聚餐，偶爾也貪杯多喝幾口，只為致敬這來之不易的友誼。然而，如今的下半場卻變成互不打擾、相看也相厭，能迴避就盡量不見面。話題不再那麼友好，開始變得官腔客套，彼此相敬如賓，生怕自己吃虧，成了默默忍受的那個人。

幾個時光匆匆而過，其實也沒有什麼大不了的嚴重衝突。大家在社群上分享各自的日常，卻都心照不宣，學會了「讀空氣」的技巧。明眼人都看得出那是沉默的訊息通知，沒有人願意先拆台扮壞人，默默接受殘忍的事實——刪除好友，宣告緣分的結束。多年後，當生活進入新的階段，將會明白什麼是真正的「歲月靜好」，保持距離反而是最好的選擇，讓彼此在抽離後能喘口氣，各自過上安穩舒適的生活。

拋去占有欲，健康的關係你得「讓事情發生！」

要一個人改變多年的個性或脾氣，簡直是件艱難且不可能的任務。過往的原生家庭影響一個人的處事魅力與習慣，以及對事物的想法，即便你出自善意想點出問題，真實地反映讓對方知道，但如果對方已經顯露不耐煩，就請別再試圖干涉或下指導棋了。

「改變」對一個人來說，除非是本人遭到當頭棒喝，吃到閉門羹後大澈大悟，否則就算你「掏心掏肺」，最終仍要面對「眾叛親離」的風險，根本撼動不了原生家庭所成就他此時待人處事的態度。

換言之，我們常試圖過度保護這段珍貴的情誼，卻忘了每個人都有自己的界限。這種無力感，往往來自一種叫做「公親變事主、吃力不討好」的委屈，原因多半是你「做得太多、想得過頭、太過雞婆」，因為過度擔心失去友情，反而讓自己陷入病態的占有欲中。

要經營長久的感情，必須做到：

「不碎嘴，才能讓友誼更加健康長久；

不走心，才能讓關係保持新鮮，避免尷尬無語。」

每個人都有自己的課題，不是你插手就能使事情圓滿或扭轉乾坤。

再怎麼好，也有「人心隔肚皮」的時候

無論情誼經歷過多少共同風雨的摧殘及考驗，即使是親兄弟也會有明算帳的一日。更何況你與朋友沒有血緣關係，算起帳來選擇「得過且過，睜一隻眼、閉一隻眼」，你真認為對方是心甘情願、不在乎嗎？還是他只是將不滿埋藏心底，等待最後一根稻草壓垮時，一夕之間全盤爆發、清算總帳？

古語說：「明槍易躲，暗箭難防。」自有其深層道理。在與朋友相

處時，過多的隱私分享並非明智之舉，因為你永遠不知道對方當時的心境如何——是真誠還是假意？是祝福還是嫉妒？許多人最終被八卦或背叛傷害，問題常出在平時控制不住自己的「分享欲」。

你怎麼能確定對方心裡盤算著什麼？背後的動機又是什麼？只有「少說多聽，多思考再開口」，才能保護自己和他人，更是維持友誼、維持關係的最佳方式。

復合前，別忘記當初斷捨的原因

誰都曾因為朋友而煩心失望，無論是因為流言蜚語的無端猜測，還是真心換絕情的心痛，或是因為環境和立場的變化，迫使我們成長而舊朋友仍停留在原地、不願面對現實。如果朋友能夠一起前進，那是一件令人興奮的事情。有伴隨著彼此為各自目標努力、互相鼓勵和真誠建議，這種成長的共振和頻率是令人羨慕的。

然而，無法保證「好」朋友的原因在於，可能是走得太快讓後來的人無法跟上，又或是走得太慢讓人覺得乏味、自甘墮落。時間會幫助我們認清現實，邁向未來。

如果朋友過得很好，我們應該默默祝福，畢竟對方現在的幸福也值得欣慰，不必盼望復合來彌補過去的遺憾；如果朋友過得不好，也無需伸出同情之手，因為當時的分開是經過深思熟慮的決定。更多時候，只是自己的一廂情願，對方可能滿足於現狀，你又何必急於回到過去？最重要的是「聚焦自己」，這才是人生中最重要的大事。

3

為人生工作，還是在工作中找到人生？

積累履歷價值及軟實力，為機會做好準備

學校畢業後進入職場，年紀約是二十五歲。若以三十歲為基準點，約剩下五年的時間，能找到工作上的定位、甚至翻轉低薪，畢竟高薪是許多新鮮人遙不可及的目標。五年說長不長，卻也足夠帶來極大變化，這幾年你可能換了一至三份工作，從助理成為專員，甚至爬升至主任、經理等更高的角色。

要就做含金量高的工作到老，不然就轉職

如果總處於「得過且過、安於現況」的工作狀態，想要衝破低薪關卡並不容易。許多工作才兩、三年的年輕朋友嚮往「福利佳、同事優，一份工作做到老」的公司，但你得要保佑自己在公司中「長命百歲」，不被後浪新秀沖上岸。

要嘛，你得是幸運的菜鳥，在第一份工作就進入「含金量高」的企業，成為公司的生力軍。如果你沒有這樣的好機運，那就循序漸進，先在三十歲前擁有三份經歷，每份工作做兩年以上，並在第三份工作取得「管理職」的頭銜，成為面試官眼中的及格人選。因為你經歷精采、穩定度足夠，但除了漂亮的資歷之外，你也得要有「積極向上」的氣場。

若你即將邁過三十歲門檻，請反思工作經歷、最近入帳的薪資數字、待過公司的福利及制度，甚至下一份工作的自我定位、職務頭銜。若職務高一階，也思考是否能以「月薪」轉換成「年薪」。若以年薪計算，是否包含津貼及福利、年中及年終獎金，甚至以合約來保障年薪及權利。

踏入三十歲後也要誠實檢視你的職涯。二十至三十歲的低薪轉高薪是個甘苦過程，有如「轉大人」的中藥帖，吃了就是人上人，吃不下就只能原地踏步。

如何找到工作的「好薪情」？

掌握方向，多方嘗試不同產業，最好是同位階的職稱、擅長的領域工作。不意氣用事，也不虛度光陰，將自己視為重新翻新包裝的產品，強化自身的優勢，仍有機會浴火成鳳凰。

身為資深職場人的你，到大公司進行面試時，評比範疇不再僅只是學歷，經歷更是重要評比，包括服務單位的年資、海外派遣的經歷、自我管理的能力、甚至過去的專案成果。當然新公司也必然審視你的過去，向前公司的人資部門進行履歷複核，思考你值不值這個頭銜及薪資水平。

三十歲的你，視野開始不同，不僅看清這個世界的直接與現實，也明白你的競爭對手已不僅是同事、而是與你有類似才能的人。高薪一族若願意調降薪資，人資巴不得你明天就報到上班；然而，低薪一群若想要自調薪資水位，恐怕也是無人問津！

一旦到了三十歲的分水嶺，職場能力請自行提升，才能節節高升。

專業能力，是否能轉換為你的價值？

若工作已做了三年以上，甚至十幾年，仍薪資靜止、頭銜停滯，你就要思考自己是否表現不佳。就算固守著專業及技能，表現卻原地踏地，主管可能也看不出你的價值或有心堅持。

專業能力之外，工作的積極態度、出缺勤紀錄，都是被考核的憑據。倘若你不適合這份工作取向，就早點離開，不耽誤自己前程，也不浪費公司資源。正視未來發展，才是對自己職涯的尊重。

受僱於人，不代表你得要屈就，但你得先要讓自己值得。想擁有高薪，三十歲前你得步步為營才能拔得頭籌，觀念要跟上產業變化，為自己撕去「低薪族」的標籤，當機會一來就能華麗轉身。

不做錢的奴才，而是理想生活的主人

決定換新工作，理由不外乎不滿意薪資、無升遷機會及公司福利，而失去了久待的動力。無論是傳統產業或外商公司，都有一套潛規則，進場打怪後才明白入境隨俗、接受遊戲規則的重要。然而，有些公司已是孵化人才的基地、跳槽的中繼站，不友善的企業文化留不住人，人才紛紛出走。

薪資，造就人才往他處高爬。職場上要提高身價，最直接的跳板就是「換工作」，但這麼做的背後也有陷阱。有些人換了工作，薪資卻不如預期，甚至調漲未達均值的百分之十至二十。隔行如隔山，若你並非該產業的高手，就不要隨意切換跑道，渴望換巢待守，就得面對毫無退路的將就。

自抬身價的上班族，隱形成本是什麼？

若你目前的經歷及專業尚未成熟，無法銜接新公司的職務，一切得向老鳥學習後才能獨立作業，你得先弄清楚自己現階究竟是不是技術或管理的「學習生」？資方大多不願花太多的時間成本讓員工學習，若你在該產業尚屬「新手」，試問能談到多優渥的條件呢？新公司尚未看見你的價值及貢獻，就得在你身上投入成本，薪水自然不會太高，甚至比前公司的「薪情」更消極。

因此，在你要為自己加薪之前，請先確認你運籌帷幄之中有實質且足夠的籌碼。

許多定性不穩的工作者，往往以情緒上的「爽與不爽」決定去留，明明毫無談判條件，與面試官對話前也不曾仔細評量自己的優點、劣勢為何，薪水自然談不到預期數字。

然而，「高薪」不能只是作為轉職的唯一條件。若你眼光短淺、自以為是，最終也會跌入進退兩難的火坑，工作只會越換越差、薪水越來越低，也很難在人力市場中尋得個人定位，工作及人生方向只會越來越曲折。

人生最好的時景，若莫名斷送在意氣用事、貪圖高薪，只會被遣返回人生的原點，回到低薪地獄。

明白自身優勢，康莊大道也能越走越遠

若你正打算換工作，最好先確認下一份工作的方向，以及產業的未來發展。

換工作，專業上得越換越精細、越靠近核心層，成為公司的主要幹部。就廣度發展，要越換越多元綜合。一切安排，都是為了能通往康莊大道，工作可以更加順遂。就算薪水加了幾千、幾萬，卻把職涯走得更狹窄而無趣，敵不過未來發展及市場趨勢，最終只會以離職或是被淘汰來收場。

換工作前，不妨先檢視自己的「專業能力」、「人脈關係」、「市場及產業趨勢」，這三點是你在轉職時的談判籌碼。當然，你的專業

和新工作的關聯性越高，調薪的幅度也相對提升。自知自己有哪些優勢條件，便可如虎添翼般讓你勝券在握，掌控發球權。高薪收入並非夢想，每一步都能踏實又穩定。

別被高薪綁架，天底下的午餐都有「陷阱」

工作要越換越好，但「錢」不是唯一重點。「月薪八萬以上、無須過往經驗、保底三個月、年終上看十七個月」的徵才海報固然令人心動，但背後的圈套是什麼？

職場新鮮人、短視近利或好逸惡勞的上班族，往往是不實廣告的直接受眾。有些人表面上追求「隨遇而安」，其實是欠缺人生規畫。不論請教了多少位前輩或職場達人，若以「做自己的主人」自許，卻始終看不清楚目的地，一心抱持著「賺大錢」的前提，更容易不自覺地步入陷阱。

你的人生規畫及目標，才是你得多花時間思考的關鍵。「高薪」並非唯一的幸福途徑，帶著穩重且踏實的方向感，才能帶領你自己駛向大道。努力不一定立即會有收穫，但若不努力的話，絕對不會讓你過上理想生活。

人間觀察：關於那些傻人、老人與壞人

關於工作的練習，包含與自己的共處、同儕間的應對，以及與上司、下屬的垂直溝通。然而，就算你在職場上溫和謙遜待人，也不見得能永保平安。事不關己、最沒有防備心的人，往往是吃悶虧的棋子。NG的同事百百種，你得用心解密。上班除了好好打拼，更要學會打怪。

「傻人有傻福」是職場平安符？

多數朝九晚五的上班族身處同溫層，往往逆來順受、安分守己地工作，不和同事爭鋒相對，每個月乖乖領薪水，日子過得安穩平順，但這樣就夠了嗎？

一旦公司面臨「開源節流」的難關，上位者就要一一評估員工績效、部門營運產值。此時，職場上與世無爭的小白兔、薪水小偷的資深老臣們，往往不見眼前的危機。在相互較勁的職場中過於安逸並非好事，個人價值、專業技能才是明哲保身的平安符。

平庸無奇的員工往往是公司優先的遣散對象，被辭退的理由百百種，如「不符合期望」、「能力發展有限」、「與公司條規牴觸」等。也有其他花招百出的伎倆，利用「跨調部門」、「久待居留出差」等安排，讓員工自願離職，更省下資遣費。

而打著乖乖牌的員工們，雖然向來職涯一路安穩長遠，但往往欠缺存在感，取代性也相對較高，無形之中便成了一旁靜候待宰的羔羊。另一種則是擁有絕佳口條、對自己的專業有著高度自信，更有抱舔長官大腿的絕活，就算被討厭也不在意，讓人不得不崇敬他們拍馬屁的技巧及手腕。

不是老人變壞了，而是壞人全都變老了

還有一種態度傲慢、倚老賣老的前輩同事，總以高傲口吻應對所有同事及合作對象，有時是得理不饒人的八點檔後母，應對剛到職新人更是頤指氣使，口中一一盤點不合乎常理的規矩、文化及風氣。

然而，當他面對上司或有利益關係的同僚時，卻又總是矯情地百依

百順，言行判若兩人，分不清他的真假人格。

職場上恃寵而驕的前輩，或許他們過往的職涯一路走來，也是被如此惡意對待，自卑不足、僥倖處事，漸漸演化成他們今日適應環境的本事。幾年下來，不是這些老人變壞了，而是壞人變老了。於是，最後只剩難以實現的夢想，多年後這才發現原來自己一直原地踏步。

舒適圈固然安全，卻是溫水煮青蛙，總有一天將被淘汰，甚至渾然不知。

追求夢想之餘，我們終將明白就算使盡全力也不一定有結果，但你可以選擇善良。若只學會以惡意來傷害在工作上遇見的人們，甚至刻意討好對自己有利的對象，不擇手段當然可以達成目的，但最終你也將成為又壞又老的人。

職場冷暴力：是非八卦、興風作浪

職場檯面下的八卦，有如浮誇的舞臺劇，台下觀眾拍手叫好，越灑狗血越是叫座。如你不想成為其中的主角，「識時務為閉嘴」，遠離茶水間、休息室、洗手間等八卦站，杜絕是非。

職場求生術之一，不回覆惡言及廢言。瞎攪和只會讓你「公親變事主」，尤其菜鳥往往容易成為代罪的冤大頭。社交軟體是無聲的戰場，而對話截圖也容易造成誤會，引發同事們的戰爭。

學會應對謠言、廢言、是非輿論，不因害怕而逃避，迎戰才能破解惡意、察知動機。如果你道行現在還不夠高，吃過幾次悶虧後或許也學到一些事了，個人的真實情感及意見就放在心裡吧，避開搬弄是非的小圈圈。

職場求生術之二，不管閒人及閒事。不關你的事，就別「住海邊」越界管轄。不以情緒言詞回覆，不逞一時口舌之快。為求自保、自全，職場上所有與主管、同事或廠商的文件往返、帳務出入，也請務必瞭解細節，並留存所有「來龍去脈」，相關技巧多做絕不會錯。

不以傷害他人的八卦來刷存，也不要對辦公室政治漫不經心，不然掉入陷阱也只是遲早的事。若想要小人退散，先學著不介入是非、不散播八卦。你當然有選擇，當一個善良而不軟弱的人。

職場無情，存款無義，請劃好人生重點

每天下班後你都在做什麼呢？與朋友吃飯，回家整頓家務，還是購物買東西？

從出門搭車到下班打卡，一天約八至十一小時，「工作」的時間遠比其他安排有更大比重。於是，你更加珍惜私人時光，不論是回到家脫下職場戰袍、處理個人事務、做家事，或是與朋友相約吃飯聚會。

有時，你為了證明自己「會玩也會工作」，深怕玩得不夠盡興，卻讓自己更加疲累。長久下來難免會影響工作，帶著「心不在焉、魂不附體」的工作體質，同事及主管都會察覺到你不夠積極。

甚至，若你平時表現及考績不佳，老闆將你放在「裁員」的黑名單中，也只是剛好而已。職場無情，不分位子多高、多好，背後始終有許多目光盯著你看。

將工作時間與私人時間有效分配及管理，萬一放錯了重點，你很可能會成為月光族。除了不時要犒賞自己之外，排滿同事及朋友的聚會，日常的開銷瞬間讓薪水少了三分之一。

別讓下班後的生活喧賓奪主，白天的工作不是副業，而是你最該重視的本分。

只當薪水小偷，失業提早來報到

若無法將熱情投注於工作中，只將薪水當成「用時間換來的資本」，混水摸魚久了不免露餡，老闆其實都看在眼裡。年紀增長，為了不讓工作熱情消滅，時間不該只教會你好高騖遠、得過且過。

若只想安逸過日子，本末倒置終將讓你付出更高的代價，存款與體力都會見底。寅吃卯糧，先缺後空，別花上多年時間才學會檢視生活，一旦明白「時間管理」有問題時，恐怕早已徒勞無功。

等到公司裁員之際，才驚覺自己原來是一個拿錢不做事的「薪水小偷」，失業了就別怪職場無情。身為上班族，不該窮到只能以時間換取薪水。

不必要的交際，只是浪費你的金錢與時間

緩解工作壓力確實有必要，但也不該以不理性的消費來減壓，存款積蓄也會逐漸減少。因為單身害怕一個人吃飯太孤單，一上班就開始揪團相約下班後的飯局，倘若個性消極，對話只剩下對工作的抱怨、朋友圈的八卦，就只是個沒有長進的吐槽大會。

其實，下班後偶爾安排輕鬆的飯局並不傷大雅，如果沒有好好休息及自處的時刻，用消耗自己來換取交情，代價實在太大。與其如此，不如回家好好洗個熱水澡，和家人或另一半談心聊天，或給自己一些沉澱的空間。畢竟，隔天的工作才是重要的收入來源。時間管理很重要，沒營養的關係只會損耗你的時間、體力及財力。你怎麼經營、看待每一天，積累起來就是你的這一輩子。

面對工作，要隨和，而不要隨便

職場上難免遇到「選擇性障礙」的同事，往往以「隨便」、「都可以」來應對一切，大至專案，小至午餐。對於接收指令的執行者而言，並不樂於接受看似平和的回覆，因為有說等同沒說，無助於工作進展。表面的隨和不是放下話語權，而拋下決定權。

對方可能沒有想法，也可能是欠缺肩膀，希望別人樣樣協助、事事決定。任何大小事情都要發問，一來是不太信任自己，二來是深怕得罪同事及上司，只想打安全牌。這種人提出的意見總是安全，不侵犯別人也不讓自己吃虧。工作上，他們只求不出頭、更不求表現，也不特立獨行。

反之，工作上有主見的共事者，能激勵自己和同事們明朗地勇往前進。有想法的人，會以行動及言語表達立場，甚至反饋不同角度及看法，讓同事們快速進入狀況，任務圓滿完成。然而，職場上的主動角色有時容易會被貼上「強勢」、「難搞」、「挑剔」等刻板標籤，同事認為他剝奪他人的發言權，甚至搶盡風頭。

無良同事們的套路，要懂得一一破解

和凡事應答「隨便」的同事合作，他們不會讓工作變得如意輕鬆，但專門「馬後炮」、「甩鍋」的無良同事，就更加令人無奈。馬後炮同事會讓他人決策，事後再來「蹭」功勞、向老闆邀功。碰到出包的倒楣事，不沾鍋同事會第一時間撇清，笑看他人中箭落馬。

若長期陷入「被衝康」的惡性迴圈，主管也難對你委以重任。巧妙地反擊對手，才能「趨吉避凶」。

當身上標籤只剩下「好人」、「使命必達的便利貼」，你肯定沒有發言權，甚至注定被否決，惡果全部自己承受，還得眼睜睜看著他人領走你所有成就。若遇到「隨便系」同事，不妨軟硬兼施，請他們為專案任務做下決定、背書，甚至適切表達你的無奈及尷尬情勢，以軟性的態度請對方分清權責範圍，避免成為冤大頭。

若別人決定就好，從此人生被定義

就老闆或人資單位的立場，面對一切「都可以」的員工，會覺得此人欠缺自主思考，沒有說明立場的膽識。不僅無法給予獨當一面的職位，也因部屬不可能信服像這樣膽怯又欠缺主見的主管，而與管理離絕緣。

無心的一句「都好」，在主管耳中聽來，你的表達等同於是將大好前景全然放棄、拱手讓人。成為職場人的你，得學習為自己的言行負責。自己的未來自己買單，別人嘴裡說的都只是「僅供參考」。

善用觀察力、培養敏銳度，若想成為無法被輕易取代的存在，你就不能隨便，不能什麼都可以。

加值，比加薪更重要

談判薪水是一門高深學問，不論是面試，或已在職數年。

好友S在外商公司任職已有兩年，她的工作能力好，卻不擅長對話或談判。然而，北漂臺北五年，面對現實的經濟壓力，光是房租與生活開銷就讓她喘不過氣來。

她多次問我「如何和公司談加薪」，我提出的建議其實已不勝枚舉，但她始終無法落實。她熬夜寫了三頁文字，述說自己對公司的貢獻及優點，卻始終無法鼓起勇氣，開口懇請部門主管及人資為她加薪、升職。

最後她默默寄出信件，直屬主管對她的請願避而不談，甚至還為她增加工作量。一天，她終於鼓起勇氣詢問對方是否已讀她的郵件，主管雖帶著嚴厲眼神不耐地回應，卻也等著她主動開口為自己爭取。她最終還是沒提及重點，摸摸鼻子離開，錯失了這個主動為自己爭取的機會。

自己值得多少薪資、該得多少福利，談判之前你應該要明確地衡量。面對毫無重點的「陳請表」及一個連話都說不清楚的部屬，主管不確定她到底是要離職、懇求加薪，還是爭取主管職缺，最終也失去耐心。

若你對未來的發展有所期待，除了要先克服恐懼之外，你還得比老闆更加清楚自身優勢。不讓內心小劇場影響了你的企圖和想望，還得要清楚地說出口。「無膽」的談判只會白白浪費彼此時間，日後卻多了尷尬氛圍。

明確知道自身權益及自我價值的人，談加薪要費心，但不要太上心。

決定談加薪升職前，你肯定要做好準備！先確定自己的本事，是否有驚豔突出的表現、KPI績效能令人信服嗎？身為公司員工，你對該職位的貢獻、未來的價值為何，你得要比老闆更清楚，不然談判也只是一場職涯回顧的對談了。

談加薪要看好日子，打一場漂亮勝戰

談判加薪時，直接會談比寄郵件更有效率，也更能積極表達理念。對話時，請以明確的簡報方式呈現「有利條件」，在有限時間內，陳述你的「貢獻」及「獨特優勢」。圖說力求簡潔扼要，別用字數過多的「論述文」呈報，就算是重點也不要再三重覆。

用簡潔扼要的言語傳達有邏輯的內容，自信氣勢一定要有，千萬別唯唯諾諾、口是心非。再者，請將會談時間安排在主管較能喘息的時候，尤其別安插在會議的間隙，一來是對方毫無裕餘思考你的需求，二來是緊迫時間內難以切換情緒，不僅同意加薪的勝算可能性降低，還會被放到「有空再討論」的待辦事項。

你的訴求說明也是一大重點。千萬別以「需要用錢」、「個人開銷大」作為加薪的理由，這其實就是「請加薪，這樣我才能留下」的情感勒索。對資方而言，這樣的前提不僅難以說服公司，甚至認定你只是在討拍、求關愛。迅速讓對方理解你為何值得、公司為何需要這樣的你，才是成功加薪談判的最有效方式。

毛遂自薦，主動開創升遷機會

確實有些時候，會吵的孩子才有糖吃！順利加薪及升遷、甚至轉職及求職，關鍵都在於你是否勇敢表達，運用手中籌碼來進行談判。

倘若結果無疾而終，也要能積極檢視你無法加薪或升職的癥結點，客觀剖析自己到底有多少本事。就算要跳槽，也要有計畫，看清自己重視的是加薪幅度，還是爬升更高的頭銜，也請確保這樣的位移是否對長期的職涯遠景更有利。

盤點自己的獨門絕技及執行力，你才有機會就為自己毛遂自薦。不論是在職談加薪升遷、或準備切換跑道，你都要花時間來整理自身的優勢及履歷，將自己包裝成限量好物、不可多得的個人品牌，讓對方認定「非你不可」。

無論你正處於哪個位子，請先保有自己的專業價值及個人優勢，並持續加值。

網民公審的時代，過去不會過去

網路世代的工作者，為何比較「不適應」職場？

在這個資訊透明化的時代，人們喜愛在社群上打卡、曬自拍照，看不慣誰就留言批判，甚至帶風向操作言論，這些都是無法消除的紀錄，凡走過必在搜索引擎上留下痕跡。網路無遠弗屆，血淋淋、赤裸裸的「肉搜」就是體無完膚的檢視。

未正式進入一家公司之前的評估階段，賞善罰惡的審判官就已由人資部門扮演。尤其在全球新冠疫情持續蔓延之際，許多公司改以網路視訊面試，但你未參與的是後端的背景調查。

透過網路便足以完成所有勘查作業，包括你曾放上社群的照片、曾寫下的言論意見，及文字背後的思維觀點等。如今有更多的企業及品牌認為，網路上的審查制度有值得參考的真實度。

不論你是居處高峰、低落谷底，「過去都不會過去」，而是緊跟在你身後。撇開學歷、經歷，及專業證照之外，人是複雜的生物，網路審視更讓你難以隱藏形跡。

只要你在業界稍有名氣，任何競爭對手都能輕易挖出你的黑歷史，不論是負面發言或複雜交友圈，都能讓你一刀致命。

還沒有到職，就先被黑

過往都已成事實，解釋再多也無益，終究無法遮掩過失。現在的你，別被過去勒索，或被他人無理索求，就盡現有的義務及本分，練好你堅強又勇敢的心。若禁不起流言蜚語，也請將傷疤轉換為刻骨銘心的教訓，不要再犯。

許多優秀人才在面試中就直接被刷下，甚至被加上「永不錄取」的記錄，背後往往有具體原因。他們大多敗在不誠實的個人資料，如學經歷造假、推薦人及背景不符、面談的說法前後不一等。尤其對講究專業的知名企業，他們最難以忽視的是「網路形象過度偏執」、「不雅照流於社群」等。

即便是你不熟識的陌生人，只需要透過搜索、向共同好友打聽、詢問前同事及同業夥伴，都能讓你無所遁形，甚至無地自容。任誰都年少輕狂過，別讓過去的懊惱悔恨，為你的未來留下難以抹滅的記錄。若你已擁有一張漂亮的履歷，只差臨門一腳，卻因此被拒於門外，你不委屈嗎？積極打造現在，不讓無心過錯成為他人能挑剔之事。

「虛擬世界」是職場的「第二實境」

想要不被過去牽絆，現在起就要好好檢視「虛擬世界」的自己，一言一行都經過思考後再上傳。誰的未來都可能一夕爆紅，別讓他人替你的過去「說故事」，言論代價實在太大了。

若你是網路原生世代，更積極一點的作為，就是在社群媒體上建立個人品牌，讓專業更親民分享、興趣更貼近日常、尤其不隨意批判未證實的言論及莫須有的回覆，這才是更積極的作為。

你的一段話、一句留言，都很有可能帶起風向，也會產生誤會。若在面試階段被無故「起底」，不熟知你過往的人資根本不給機會解釋澄清，你將永遠不明白不被任用的理由。

若是在職時被黑，惡名也可能讓你多年都洗不清。若不想被過去的紀錄影響到他人對你的觀感，你要確知當下每一刻如何自處、自重。「謹言慎行」不只是敬重眼前的人，也是讓自己被看重，進而成為值得被尊重的人，不論是在實境職場還是在虛擬空間。

夢想看來豐滿，現實卻如此骨感

你將夢想擺在人生第一順位，卻活得越來越窮苦、越來越不開心嗎？

當然要追求夢想，但若眼高手低，也只能窮到只剩夢想。生活只求「有收入就好」，卻毫無人生方向，生活和人生都是雙輸。

尤其在積累實力的年紀，過度的「自我感覺良好」只會讓你故步自封，錯失眼前機會。許多窮忙族欠缺志向、只追求表象，想過好日子卻不願努力吃苦，醒著的時候總是在抱怨社會不公不義，老闆、上司對你不夠好，想要人生斜槓卻怎麼也吃不消。走不到夢想終點，可能先餓死在路上。

時間，才是人生最難以償還的利息。後青春的三十歲，少了青春的自信，多了現實的苦楚。若更早花時間耕耘，得到的豐收自然能瞧見。但若花上太多時間尋求，卻往往背對你的嚮往，「夢想」只會讓你有一餐沒一餐的。你可以忙一陣子，但不要窮忙一輩子。

在最好的年紀，窮到只剩下理想？

許多剛畢業的年輕人，憧憬出國看看世界，甚至期待「一邊留學打工、一邊尋找人生哲理」。

並非只有出國，才能得到比他人更好的待遇及機會。你當下的態度，決定了你在職場上的定位，該往哪一個方向前進，就算現在的你尚未抵達終點。

若先逃避現實，

現實也會給你公平的交代，不論是好是壞。

最好的年紀，你必須為自己的職涯打算，你的人生，要過成什麼樣子？選擇享受玩樂、得過且過，代價可能是後悔。一旦燒光青春的本錢，這番頓悟的代價，才是高到讓你難以追討。求職之路若不順遂，也有可能是你未察知夢想與現實之間落差的結果。

找到喜歡做的事之前，先為自己積累實力吧

廣告臺詞「你值得最好的」，有未明言的經濟前提。你想要的生活，不該因為欠缺收入而舉步維艱；沒錢過好日子時，夢想只是自欺的空殼，存款數字是如此真實且現實。有了經濟基礎，才有本錢談夢想，甚至付諸執行。其實，夢想有延後實現的可能，但你得先要有累積實力、累積財力的前提。

世上有許多人實現夢想時也同時賺錢，更高端的強者則是「讓夢想成為工作」，但幸運的機會實際上少之又少。談夢想之前，請先釐清自己的方向，不要早出晚歸地窮忙，踏實規畫好下一步，才能看清夢想的模樣。

好好工作是實現夢想的前提，千萬不要因夢想而荒廢工作。

新鮮人啊，先學會做人再來談做事

一家公司裡的每個員工，都來自不同的成長環境。當這些人共處於同個職場，生存容易嗎？身為菜鳥，你要明白對話的眉角，閱讀人際之間的空氣，誰擁有發聲權更要看清楚。

加入新公司的起手式只有一個：好好鑒貌辨色、細心勘探，誰是老大、誰是決策者，哪些是不能得罪的小人。知曉遊戲規則，你會順心一些、少被「衝康」一點，離升遷的路途也近一些。

如電影《無間道》所言，「往往都是事情改變人，人改變不了事情。」你得先調整你的步調。

打通職場的任督二脈，驅散各種妖魔鬼怪

很多時候，你不是不專業，而是不懂得道上地位。有次，我和一位年輕企劃總監吃飯，他工作上總是胸有成竹，待事也穩重得體。聊起工作近況，微笑中卻有一絲苦楚。

「不知為何，我做事超卡，祕書與行政都不幫忙安排與老闆的會面，我開始懷疑自己是否不適任。」工作上認真專業的他，對於工作上的人際關係卻束手無策。

壞事的關鍵人物，
補上致命一刀的殺手，
往往都是職場上的那些小螺絲。

工作環節上再小的惡魔，也會讓你困身難逃、綁手綁腳。不論你再優秀，若不打通職場的任督二脈，功力深厚也難以出手，終將腹背受敵。得罪職場上的小人，得不償失，工作只會越挫越敗。

職階比你低，一句話也能讓你一命嗚呼

哪裡都有不長眼的新人、不信邪的菜鳥，若仗著自己較高的職位來使喚同事，就算你功高震主，眼紅的獵人也難忍「槍打出頭鳥」的衝動。一旦被打倒就是「牆倒眾人推」，平時看不慣你作風的人剛好趁機加油添醋，怪只能怪你給別人機會讓自己難堪。

無論是否有強硬靠山，都得小心職場的「關鍵人物」，他們或許斯文有禮、默不吭聲，但並不代表他道上地位薄弱。

扮演核心的「關鍵人物」往往不需要顯赫職稱，他們多是與大老闆共同打拼的初代員工、主管身邊的幕僚，甚至是老闆的親友。他們皆有屹立不搖的地位、深不可測的影響力，一旦得罪便賠上未來。

讓公司的大內高手成為你的「逆境貴人」

老闆們事務繁忙，難以控管細雜人事，但總有大內高手般的「眼線」暗中埋伏，代為審視公司營運，窺探各部門管理職的狀態，他們的任務是為老闆「觀察」並「回報」。尤其別得罪部門的助理或祕書，他們也可能是老闆的心腹或部門運作的核心。

剛到公司報到的前三個月，先不求用力刷存在感，請先學會「當好人」、「做好事」，這是打通職場任督二脈的關鍵。想建立良好的人際關係，不妨就先從體恤公司同事開始，提前將看不見的「Bug」全掃除一遍。

讓有影響力的同事成為你的助力，將能讓你工作更順遂，一路過關斬將。

世界很小，心眼要大

工作上若逞一時之快說出重話，甚至給了毫無退路的承諾，只會將自己逼上絕路。

一位編輯好友H打算辭退做了五年的工作，只因為曾有過節的前同事C成為他的新主管。在幾年前任職的公司中，身為部屬的C力求表現且鋒芒外露，受到總經理注意並有意提拔。

當時身為主管的H飽受威脅，私下造謠說C為人不善、自私自利，最後竟演變成「H小心眼、沒肚量」的負面評論，導致他最終帶著忌妒與憤恨離職。其實，C並非不敢反擊，或是以求自保而置身事外，C只是懶得鬥爭。

世界很小，而工作的圈子更小。兜兜轉轉，C上任高階主管後，也得知舊識H就在她管轄的部門。H的表現本來就每況愈下，現今提案無一不被打槍，不滿的他一狀告到董事長，反而換來一番訓話，怪他能力不足。再次相遇，心眼小的還是他，要離開的也是他。

職場不是開心農場，但也不必逞快撕破臉

想要槓上主管或老闆，得先看看自己背後有沒有靠山撐腰，沒有的話大多只能離職，無二選擇！

當初，如果H胸懷能更寬容一些，用心培養部屬，現在他們或許早已是作戰夥伴，二次相遇也有望再創顛峰。但回到現實，就算二度、三度離職，也難保不再狹路相逢。如今在同業之間惡名遠播，他也得不償失。職場上，你不必交朋友，但至少不交惡。

同樣的，你不必當濫好人，但要保有建立在原則之上的善良。人際上，保持中立、不得罪，維繫應有的距離。別淪為職場惡人，也不被惡人欺。

不論你的職位及職權，都請切記「人情留一線，日後好相見」。不論是上司、部屬、廠商，或毫無利害關係的同事，都不以權力壓迫他人，或得理不饒人。若人情走短、走窄，最終也只是和自己過不去。

職場必修課，除了人際管理，還有情緒管控

幫人一把，不過是雪中送炭；學會對別人善良，但也不要求他人回報。不同的職位會讓我們有不同的思考角度，試著給予彼此一些彈性空間，往往能讓事情運作順暢。

若以脾氣和情緒行事，
短期影響工作效率，長期是惡名昭彰一輩子。

我們每天和同事相處的時間，常常比家人、戀人更多，更需要相處的智慧。請做好情緒管理，沒有人欠你什麼，自己的脾氣自己消化。不當凡事順從的濫好人，也不當聲名狼藉的職場惡人。

選擇放過自己，現實會先追上你

升官、轉職，甚至考慮離職，不能只視為「薪水增值」的途徑，更要實現你的視野上的成就。想過平衡又自由的生活，那就趁年輕時累積實力和影響力。

或許，有人抱持不同的意見，認為「工作很累，難道就不能放過自己嗎？」「為了多賺些錢，讓自己經常加班這樣好嗎？」

任誰都想追求美好生活，希望工作不只是給予一頓溫飽，但也不想因此而成為被奴役的「社畜」，該怎麼拿捏工作在我們生命之中的比重呢？

想想離職後，等著你的是什麼？

決心離開一份工作的你，不該打腫臉充胖子，維持原有的安逸模式。若花光所有存款，結局只會苦不堪言、潦倒窘困。就算找到工作，也未必是適合自己的理想職務，也可能因不適任而被辭退，這並非沒有可能。不僅得靠先前留下的薪水過日子，甚至還要思考若是沒有退路，老本在哪裡。

人生之中，工作不必擺第一，但若讓自己的經濟沒有退路，生活只會反咬你一口。

職場的現實無情，一秒就能讓你欲哭無淚、求助無門。讓自己成為主動選擇工作的人，而不是讓公司來選擇你。若想成為有選擇權的人，凡事就要比別人多想一些、比別人多做一點。

先有覺知，才能翻轉想要的生活。不然，在職場上你也只會一直被發好人卡。

人生排序：生活重要，還是工作第一？

職場上，誰不辛苦？適時的休息及放鬆固然重要，但別在最有本錢為自己奮鬥時，錯失了良機。若你是因為失業潮而被打趴，也不要一蹶不振。大浪來襲，先別急著害怕，若你能順著社會趨勢衝上浪頭，或許就有機會乘風破浪。

在職時，把握出差及深造的機會，累積管理經驗、學習各項產業眉角，這些會積累成你的附加價值。若想獲得額外的「升級寶藏」，當然得花些力氣、用點心思。三十歲左右，若有機會爭取主管職，對你往後發展、談判工作及薪資，都將有較好的機會。

失業、待業的積極作為，就是認清趨勢，重拾你的戰鬥力。

身為資深的職場人，最忌諱的就是守著赫赫戰功，只話當年勇。待業時，不留戀過往的豐功偉業，不癱軟無助地討拍，這些都無助於成長。旁人的批判和目光，也不該影響你下個階段的作為。

主動盤點自己的本事，無法被抹滅、取代的專長究竟為何，進而包裝優勢、調整劣勢。

若將最該耕耘的時間，用來追求及享受短暫的快樂，你犧牲的將是未來遠景。工作忙碌難免犧牲生活品質，卻是踏實地為自己扎根；一心追求生活質量卻不願為人生努力，當下也只是預支未來的快樂。

倘若不認真思考未來，不接受「先苦後甘」的投入，將來也難有甜蜜的報酬。

重視職涯身價，不該讓公司毀掉人生

眾所皆知，市場的變化日新月異，現代人的工作觀念與過去有了明顯差異。例如，過去認為忠誠於一份工作直到退休才算敬業、三十歲左右務必成家立業或結婚生子、不可以任意提離職或與公司爭取個人權益、抑或老闆主管還沒走，哪能有臉離開座位打下班卡。殊不知，時代不同，看待職場工作的想法也隨之發生巨大變化，背後蘊藏著「打破舊規則、推翻傳統思維」的職場革命正在醞釀。

幾年過去，慣老闆們學到經驗，好人才不易尋，才懂得將心比心、換位思考，試著理解員工選擇來公司的目的是什麼；傲員工們也體悟到一份工作得好好珍惜，尤其在失業率攀升的現實下，除了薪酬問題，還需要考慮如何利用自身技能創造額外副業或斜槓收入，以應對物價上漲帶來的生活壓力。

各種立場都告訴我們，實際捧在手裡的才是「真」，嘴巴說出的是「虛」，與其從反覆換工作為自己調漲職場身價，倒不如多開創其他收入，才是當代工作者為五斗米折腰，實際為生活拼命的意義。

留不住人的公司，原因是：自認優越的體制、資深員工的不長進

無關年紀還是技能專業，選擇離開的原因只有三種：薪水沒到位、工作沒成就感、老闆不認同。其中又以「金玉其外，敗絮其中」，有「毒」的企業公司為最主要的關鍵。

像是資深員工不愛新進員工勇敢提出創意思維、提升營收進步的新觀點，靠著「有毒舊制」約法三章強打出頭鳥，拚命灌輸「你這樣不行！老闆不會喜歡！」、「公司規定要比照過去形式，你是新人難道不可以乖乖聽話嗎？」等，這類「毀信心、燒自尊」的變相威脅，抵制新人有出頭表現的機會。

看穿不說破的答案，竟是荒唐的因為：「資深員工怕被取代，用體制來鞏固自身權威的存在感。」

久而久之，新人不再積極向上，他們的工作也不再產生成效，許多人就職不到幾個月便選擇離職，已成了現代職場上的普遍問題，人才難找、腐爛公司每天都在招聘。當老闆們無法看見問題的根源時，只會抱怨「年輕人抗壓性極低」、「一代不如一代」，這種惡循環在市場上反覆出現。人才流失的根本問題，在於資深員工拿翹不長進、怠惰不想學、不願帶領小雞們共闖一片天。

從未相信團隊，不願離開的你將是最大輸家

一間公司的惡，往往隱藏在表面包裝的「幸福形象、專業權威、歷史悠久」之下，用來吸引懵懂良善的新人，讓他們認同入職的美好願景。常聽到一句話說：「我是老闆，我說了算。」最終，員工只能摸摸鼻子、屈服於權威之下，一旦妥協，這句話後便成了最終的定論。

明知公司無法再提供更多的機會及養分，卻早已習慣「日復一日」的節奏，深怕「離職，可能找不到比現在更安逸的工作」、「薪水不

會動了沒關係，那就做少少的事就好，當薪水小偷也甘願！」，不願在最好的年紀，為自己突破現狀，寧願屈就於死水般的無奈，埋怨社會及大環境的不公，這是多數現代工作者毫無鬥志的喪志寫照。

一份工作不會讓你成為有錢人，死守著「沉默成本」下所失去的部分，卻沒有耐心去理解長遠的收益。久待在一個消磨心智、缺乏靈魂、慢性消耗青春的地方，既無奈又毫無意義。等到有一天認清事實，驀然回首，才發現專業能力沒有提升、不清楚外界市場的流行趨勢，工作被年輕人取代、被產業淘汰，真的也只是剛好而已。

二十五歲時，力爭頭銜與權力；三十五歲後，實際進帳才是重點

曾有一句話說：「人爭一口氣，佛爭一炷香。」正巧用來形容當代

職場的現象。

二十五歲後，年輕朋友更要努力為往後「低薪轉高薪、月薪轉年薪」提早做準備，好好累積一份工作二至三年的時間，力爭向上升遷的機會，當頭銜由低階轉為中高階管理人，薪酬及福利也會正比成長。

把握最好狀態的年紀，為人生加值拚一回，你會感謝三十五歲前的現在，職涯放長線來看是明顯成長，也更有本事為自己談判。

而三十五歲後，只要在乎實際入帳口袋的數字就好，其餘的頭銜再高、再大，工作再有成就，不漲薪或未來毫無任何成長空間，你就得真切思考「這份工作收入真的已達到天花板，無法再為自己升遷加薪了嗎？」、「三年後、五年後、十年後，當自己進入下一個階段，我還有本事工作嗎？我的價值是什麼呢？」

當你誠實面對自己，薪酬的高低確實是證明本事的依據，也是隨時校正自己每個階段的狀態有無偏軌的方法，才能再多做點努力，替五十、六十歲後的下個階段，做未雨綢繆的安頓。

從容面對工作，
不向任何可能產生內耗情況的狀態妥協。

若想職涯有破格出頭的一天，肯定得找到一套破解的公式，好比接下來的遊戲要登入還是登出，在闖關的過程中，「選擇」確實比「努力」更加重要！

4

先談談如何過好每個日子，然後才是人生

單身與否，你都有選擇過日子的節奏

「你想結婚嗎？」

「想結婚的原因是什麼？」

「這是一定要完成的人生使命嗎？」

二十五歲開始，這是你會反覆聽見別人口中明示、暗示的提問。不論答案為何，這是你得深思的人生任務及生活選項。

你可能已失去耐性，甚至隨著年紀增長而有更多的焦慮，但你是否曾認真面對？

每每參加身邊親友的喜宴，人們多是被婚禮上的虛幻假象所吸引，新娘換了幾套衣服、新郎長相如何、菜色是否美味，但你的真實人生如何盤算，往往遠比這對佳偶是否能長久幸福還難以評斷。

甚至，更多的盤算和思考，或許只是一場婚禮會花上多少錢、這些費用到底由誰來出。是否還未曾出現想要一起過一輩子的人，或是未論及婚嫁，就得先籌備一桶預備金，上演一場人人滿意、美輪美奐的大秀？

若要生活不虧待你，就得先把生活當一回事

婚姻，不一定如童話故事般從此永遠幸福快樂，而不幸福快樂的結

局有千百種面貌。人們拼命努力工作，想盡辦法開源賺錢，依憑上一代的期許，從「成家立業」到「結婚生子」，照本宣科才稱得上長輩眼中標準配備的「完美人生」。

若不聽從潛規則，似乎就是不乖、家族裡的反骨子女。若真心要結婚，兩人不必有錢；然而，若是對人生有所期許、有想要達成的目標，就肯定要有一些錢才能成就。

或許你已換過幾份工作，去過幾個國家旅行，也談過幾段不怎麼樣的感情。幾年匆匆過去，你該面對的仍舊是現實的標籤，生活是毫不留情的輪迴。若是單身或沒有邁入婚姻的計畫，就請好好賺錢，找一份穩定進帳的薪酬工作，並且學會投資理財。若有一天，過了婚嫁年齡，甚至上了年紀，沒錢在身上、沒有另一半的照料與陪伴，自己又不能好好過活，生活只是痛苦又殘酷的處罰。

有多餘的閒錢可靈活地運用，財富自由才算真正的自在，不然只是空口說白話。

你得認清，人生是「柴米油鹽醬醋茶」所拼湊出的現實，沒有經濟基礎，總不能一直談品味生活。已婚者說這不過下一餐都令人發愁了，單身的人說這不過是自欺欺人，那保障你的未來將是什麼？若要生活不虧待你，就得先把生活當一回事。

該是幸福了？還是真的就此過著美滿的日子？

有些朋友因原生家庭管束特別嚴格，父母也較採取苛責式教育，往往極為渴望婚姻，認為找個人結婚就有美滿人生，就算再窮苦，兩人也能一塊努力。然而，這般觀念難以適用在每個人身上，難以產生全然的認同。

難道，非得進入兩人世界才有機會豐衣足食，符合大眾期望的圓滿人生？依賴另一個有家產、有背景的對象，就能從此趨吉避凶？

若是無法找到屬於你人生的自信、快樂及歸屬感，這樣的兩人結合也只是彼此拖累。每個人都有自己應該面對的課題，自己的價值不該來自於父母期盼、親朋好友的鼓吹、同儕的比較，不必硬著頭皮找人談戀愛，帶著目的性走入婚姻殿堂。

無須拜讀誰的幸福劇本，活在旁人情感勒索的假象美好。不合腳的鞋、不合適的人生，在自己身上造成的痛楚自知。就算穿上一雙人人稱羨的美鞋，有再多的掌聲及讚美，咬腳的痛楚及水泡只有你知道，這樣如何走向長遠又自在的大路，怎麼可能不懷疑人生？

富有，只是金錢使用的自由；生命的寬度，是多元精采的日常

每個人都該有意識地選擇生活的節奏，不論消極還是積極，全是自己的選擇。所謂的富有，不只是經濟上的自由，豐富的視野、多元精采的生活，更是定義了生命的寬度。

即使被貼上「單身狗」、「大齡敗犬」等揶揄的標籤又如何？每個人都有各自的課題要面對、困境要操心，或許有人更羨慕你過得自在、不必煩惱孩子的教育費，與繳不完的車貸及房貸。

有人物質慾望不高，活在當下，積蓄不多卻能保有過日子的質感。即便身處關係之中，也不忘記學習新事物的動力及興趣，也不放棄自給自足的基礎求生本能。在工作之餘，若有能力投資自己職涯之外的技能，也是開展第二人生的可能方案。有共同生活的夥伴固然美好，

但若能同時在自己的人生中當自己的主人，你就是自己最好的人生夥伴，一個有計畫的人也能走得長遠。

單身的你，得要明白哪裡是長遠投資的標的，不論是工作或關係。

如果你為自己選擇的未來遠景，是一個人過日子，請學習好好與自己相處。不要害怕花錢，也不要捨不得失去。因利而聚的朋友，就該立即斷捨離，時間到了，就該果決地說再見。在人生每個階段的偶遇都有其價值，只要理性面對、歡喜接受，就是最好的收穫。

不要忘記你的初衷，不要成為有討厭嘴臉的那些大人，保有對這個世界的好奇心，每天都持續進步，讓生活產生長遠的幸福感。

生活不委屈，不當他人人生的寄居者

日常待人以和為貴，凡事應對必然誠摯，這肯定是讓人讚美的優點。然而，過度的付出與協助，也可能讓對方有理所當然的錯覺，就算你盡心盡力調整節奏與頻率，讓彼此建立對話，也難保對方滿意、全無怨懟。

你的求好心切，也可能換來對方的不重視，甚至不珍惜。

在工作職場上、家庭生活中，面對這般不討好的狀況，我們都會以息事寧人的心態自我說服，進而勉強自己去做不喜歡、甚至沒把握之事。就算瀕臨崩潰邊緣之餘，仍得勉強扛下這苦擔子。

然而，我們有時需要的，不過是一句關切的安慰之言：「還好嗎？需要幫忙跟我說，我都在。」

為什麼總有人認定我們得一肩扛下任務？「應盡義務」何時成了綁架我們的罪名？你「熱心助人」，但不懂婉轉表達拒絕之意，失去底線的你只能被貼上「爛好人」標籤。如果結果不如預期，面對的更是排山倒海的批評。

接手各種難題時，最終只得到傷心及無奈，世上所有的委屈都讓留你一人消化。

關係裡的勒索，是最高招的指使、最拉扯的心理戰

面對關係中的索求，若有餘裕處理，你或許就會一口答應。會被勒索的人，往往害怕看到對方的沮喪及失望，只好讓自己勉為其難地接受，即使心中不斷責怪自己何苦逞英雄。

接下任務卻又自我責備的情緒背後，或許是你期待討好他人，期待自己圓融處事的動機。事實上，你無法拒絕，也意味著你也同時害怕被他人拒絕，怕被議論而損壞原有的關係。沒錯，正因為擔心會被討厭，於是只好委曲自己；為了完成他人期望，於是違背了自己的意願。

「情感勒索」之所以可行，就是因為你一而再、再而三地被制約。或許，你已清楚感受到內心的委屈，卻只能無奈地反鎖自己，只會讓

自己長期處於負面的情緒漩渦之中。面對身旁那些擅於利用你善意的人，請勇敢拒絕！一切苦難的開端都源自於你，若是不予以反擊，只會讓人覺得你不過是個爛好人——這樣的人，生活中或許不可多得，卻沒有實質的重要性。

作為給予者，也要精明計算停損點

感到委屈、不安，就誠實面對自己的心情，不虧待自己的付出與努力，但也不放大消極的情緒。沒有人非得要對誰好、聽誰的話，自己的選擇都握在自己手中，而你要先意識到這件事。

生活中的各個面向，都該設立底線。只要底線劃得夠明確，姿態一點也不動搖，身邊的人大多能學會和你的原則共生共存。過度承接他人的重量，不僅耗盡全力還可能被認為做得不夠好，讓自己裡外不是人，甚至還會拖延他人要事的進度。

每一段正向的關係裡，好意與善心大多能得到反饋，但都得是心甘情願地接受、無怨無悔地付出。不要有功利的計算，也不讓自己變得廉價，你才有可能開始建立自己的原則。

作為一個手上向上的給予者，
而非向外索求的接受者，
你將發現，一路上會拾得更多善意。

付出是高尚的正能量，把「好」給予欣賞你的人，投資於共同的未來，就是延伸、加乘幸福的驅動力。若是放錯重點或給錯了人，不僅會讓自己不快樂，更可能毀滅自己長久建立起的信心。

寄生在他人的存在感裡很累，跳出框架思維才得以自由

若意識到自己在一段關係中的辛苦時，更要學會善待自己。雙方若都能不計較地付出，情感自然就能持續升溫；但如果只是單向的給予，關係便不會持久。當然也別只是惦記著對方的回報，找到關係中的平衡，萬一失衡就得在停損點前止步，這更是對自己的勇敢負責。

無論你想活成什麼樣子，愛與被愛，付出及接受，都是自己的選擇。在每一段關係中，你對得起自己，同時不傷害別人，內心不彆扭也不糾結，適時表達真實情感，才有本事讓他人珍惜你，學會尊重你的立場與底線。

急著吃糖，小心錯過了眼前的寶物

下班後的時光，難免被許多突來的電話與訊息打擾，甚至打亂了私下生活的安排。

面對突來的打擾難免生氣、厭煩，甚至令人感到焦慮。然而，若對方於私人時間與你聯繫，想必也做好要被白眼、被責備的準備，可能是需要你緊急相助之事，或許他背後有更大的外力正挾著刀在他脖子上，要他立刻完成這件事。

即便是朋友關係，脾氣很難不挾帶其中。萬一理智線斷掉，送出不堪字眼的訊息，讓對方感受到前所未有的火力而試著反擊，然後你再次填補更猛烈的火藥，非得弄到對方安靜或投降，你心中的怒火才善罷干休。要是對方搞不清楚狀況，或不想與你息戰，來回爭執不斷，不僅雙方失了面子及自尊，接下來將是不堪入眼的相處。

但，事情有解決嗎？似乎沒有，一旦春風吹又生，導火線便很快再次點燃。

現在意氣用事，未來會用力賞你耳光

我們每個人都帶著不同的生長背景而來到工作的場域，從個性到對事物的容忍度，都存有不同的標準。

若常被情緒左右則會誤事，事後只得懊悔當初。沒錯，大多數的人都有過這樣的經驗。

年輕時，我也一樣容易意氣用事，甚至曾主動地當處理善後的自願者，但在不成熟的情緒及思考下就猛然行事，最終還是苦了自己。若未具備完善處事的能力，自告奮勇攬下責任，最終只會換來更多責備，甚至讓事情及關係變得複雜，旁人的表情也會毫不留情地讓我們知曉自己的無知。

討好自己，只是換來更大的無償代價

情緒化只是逞一時之快，後果往往得不償失。不論是面對會議、與朋友及家人的溝通，都請先收起自己「不耐煩的焦慮感」，喘口氣，冷靜聽完對方想表達的意思後，再做出回覆。

若當下無法提供建議，也請對方在時間上多給予體諒，一定會在思緒整頓後再回覆。如此一來，對方更能感受到你的誠意，也能避免雙方因情緒不佳而產生更多事端。

當生活卡關時，許多人會以閃躲、擱置的態度面對。若是經濟許可，就花錢讓自己遺忘不愉快，安撫自己受傷的心靈。偶一為之並不罪惡，但是若長期都以消費來緩解壓力，逃避現實之餘也耽誤自己學習與反省的機會。與其如此，不如先獨處片刻，吃點東西緩解焦慮，或戴上耳機聽一首輕音樂，再思考下一步。

閃躲生活給你的苦澀，人生也嘗不到甜味

面對人生的苦頭，有人選擇逃避現實、得過且過，只求身邊人們配合；也有人四兩撥千金，將過錯移轉至他人身上，以情感勒索來強求

他人協助，不僅無法完善事情，往往只剩下擺爛。

急著先討糖吃，只求安撫自身情緒，卻也錯失解決事情的黃金時間。往往錯失這次機會，問題便誕下巨大崩潰的坑洞。若因而讓人對你失去信任，可能就此再也沒有機會。

面對工作上的困境，千萬不要有「搞定事情本來就難，自己開心才是重點」的誤解。若懷抱著這般心態，不僅難以成事，逃避心理也會養成習慣。在焦慮感出現之前，請先專注地處理眼前的要事，將情緒擺在一旁。

圓滿處理手邊難題，壞心情及負能量就會順勢不見，取而代之的是無價而不換的成就感。苦和甜並不矛盾，人生本來就苦甜摻半，要吃得下生活給你的苦澀，才能感受到人生的甜味。

與其順其自然，不如想想怎麼過好每一天

面對沒把握、沒勝算的情境，人們口中總會吐出「順其自然」的說法，來掩飾內心的不安，甚至只是讓此時的自己或他人有臺階下，以粉飾心中的擔憂，或短暫逃避緊張氛圍。

我們常用「順其自然」來概括我們對人事物的期許。生活、工作、甚至與人交往的過程中，若能盡全力、用心相待，把事情完善固然很

好，但若不順心也不需過於強求。

執行及應對的過程，得費心到你能心安理得之後，但也不要持續糾結於最終結果，庸人自擾。面對結果，你得放心，盡可能全面做出好、壞的預備心理。如果不能如期完成，就隨時讓自己有退一步的機會，也算是安排緩衝的後路。你得認真付出、你得問心無愧，不能只是與命運賭一把。

只要是夠認真，剩下的就交給時間吧，等待自行浮現的答案。

若是使上洪荒之力，把事情做好、做滿，但結果總不從人願，這也並非沒有正面的視角。失敗的痛楚能為你帶來調整自省的可能，讓你設立停損點，好把力氣花在更值得的事物之上，但「順其自然」四個字絕非是「放棄」或「得過且過」的同義詞。

人生很長，但你沒有時間怨天尤人，
能阻擋自己不再進步的人也只有你，請直視失敗的問題點。
跌倒後便一蹶不振，才是比失敗更不體面的事。

隨心所欲的優雅，
沒必要因患得患失而難過

若總覺得每天都過得不怎麼開心、做任何事情不如預期般順遂，應該要深思自己投入多少，是否有過多時間被周遭的環境干擾。

老是想試圖說服他人或非得計畫照著自己的劇本走才算正確，到頭來往往不如預期，除了讓自己裡外不是人、心疲力盡的憔悴，甚至把所有的人生安排都莫名打亂了。

這些年，面對生活你該遊刃有餘，偏偏許多人事物無法順應或配合自己改變，但是，我們能改變對事物的體悟及見解。難以防患於未然，生活偶會令人措手不及，但也不必因難以控制的瑣事而患得患失。與其讓自己心神不寧地過日子，還不如優雅自在地提早準備，讓情緒、關係及生活都更簡單一些。

得到掌聲無意義，最終要能真心地為自己拍手

盡自己本分，你的每個階段的樣貌、每個年紀的角色，都只需和自己斤斤計較。我們所面臨的挫折與嚮往，最終都會推向自己至欲求的終點站，然而標準的評分好壞、成功與失敗，肯定不會落在誰的身上，那又憑什麼由別人來指指點點，批判你的努力及不客觀的劣勢。

若只是渴望掌聲，可能會讓你的人生叫好不叫座。成功之前，先和自己比較，若套用他人的經驗來衡量自己，並不會增加價值與成就。我們人生的每一天都面臨無止盡的抉擇，自我較量時，不妨先自問是否能勝任，每天比過往更成熟的自己是否會再犯相同錯誤。每天的你，都要比昨天更明白自己有哪些獨一無二的優勢。

不為誰的願望買單，買了一次，接下來就只有結帳的份了

凡事盡力，自己就多一份無愧的安心。每一個階段都是人生的積累，都請好好為自己盡心負責。沒必要為了外在世界而委屈自己，滿足他人的願望或吸引他人注目。想要為自己進修、讀什麼學校、想要什麼樣貌的伴侶、想要過怎樣的日子，其實一切都掌握在自己手中。踏實地為自己的當下立足，確切地為理想未來做好準備，其餘的都是

無關痛癢的干擾。

你的「委屈求全」不該是「你的成全」、全心奉獻的職責義務，不該只是為了成全他人的願望。你的人生，誰幫你過？

生活已夠忙碌，關係已夠複雜，不要再讓那些無止盡索求你的人們消耗你。心之所向、身之所往，若知道該怎麼生活，每天都會距離理想人生更近一些些。

年紀該給我們的，是智慧般的皺紋，而非厭世的抱怨；生命提供我們更精采的歷練，而不是永不知足的藉口。日子要越過越輕巧，成為持續進步卻不動聲色的大人。

每個結束，都是另一種開始

我的生活常因著工作地點而轉換，從臺北到上海、杭州，及北京。十一年來，換過許多不同產業，不同屬性的集團品牌，甚至也服務過許多名人經營的公司。唯一不變的，都是在公關行銷企劃、品牌營運等專業領域耕耘。這是一個極為燒腦、需配合屬地民情及職場文化，進而讓消費者及顧客認同的工作。

因為長年遊走不同的城市，見過種種讓自己新奇、驚豔，甚至感到煎熬的人事物。當然，也曾有些夜裡心情糾結，對人生方向感到懷疑、不知自己為何而拼命。其實，每當遇到挫折時，我比一般人更激烈產生焦慮，甚至手腳會發抖，黑咖啡一杯接上一杯，得想辦法緩解總是想太多的壓力。

每個人的價值觀不同，有人將工作擺第一，有些人則優先選擇家庭與另一半，但也有人將生活品質、開不開心視為重點。怎樣的年紀、怎樣的世代、怎樣的現今趨勢，這些輕重之事都不會有必然的排序來告訴你如何分出對錯及好壞，你自己得找出平衡，以自在又舒適的方式過日子。

如果你跟我一樣，天性責任感強烈、放下工作時容易內疚，或喜歡在任務中獲得肯定及掌聲，那麼，你在長期高壓的節奏中，肯定少有片刻小憩的機會。

請三不五時地提醒自己：「記得吃飯、喝口水，聽一段音樂放鬆一下。」不管擁有多了不起的工作，都要適時放過自己、閉一隻眼地偷個小懶，維持健康的身心，讓自己不論人生旅程及工作職涯，都能走得更為長遠

生活品質，先從隔離工作開始

如果你和我一樣，都是不想放過每個細節的重度工作狂，肯定常會有心神不寧，甚至過度不安的情緒，這只會讓創意及靈感無法吸收和產出。這時候，下班就與公事切割，留點時間與自我相處，不去面對厭煩的瑣事，不回覆客戶、同事的訊息及電子郵件。請好好休息，好好沉澱放空，洗一個舒心的熱水澡，緩解工作緊繃的狀態，重拾心靈的平靜節奏。

睡前滑手機、收信，只會越滑越清醒、越看越焦慮，不如試著將手機留在臥房外，不讓電磁波干擾睡眠。夜裡的休息時間，若只是繼續白天的工作，你將永遠無法劃分上班與下班的界線。在你決心離開一份工作前，肯定會發現自己睡不好、身體老毛病發作，甚至難以聚焦精神。這些症狀都歸咎於你過於認真，身心無法沉靜，而影響到生活品質。

你的能力，只能以勞心的時間換算價值嗎？

年紀漸長，我開始認清工作、生活、還是與人的交流，無論自身能力有多好，能觸及的有限；於是開始懂得發自內心的放下，讓自己有機會獲得新事物帶來的衝擊。公司沒有你，依舊可以順利運轉；然而，生活若沒有你的參與，就會失去生命應有的豐富與精采；家庭與朋友沒有你的關切，便會產生距離感，關係只會變得冷漠而陌生。

每天，我們都在尋求自己的存在感，在工作中也需要得到價值及成就，扮演需要及被需要的角色。每段關係都是「需要也被需要」，但人們總以為得好好作為被利用的角色，才有幸福感。

於是汲汲營營地追求，卻常常搞錯了方向。拼命追尋未必是好事，過程中若遺失其他更值得在乎的人事物，更是可惜。別依賴「忙碌」來證明自身價值，價值不是讓他人為自己估價，而是自己體悟後的人生反饋。

放心去放下，也是讓自己獲得

準時上班，也准許自己安心下班，享受私人生活。

學習調整冗長且無效率之事，一到辦公室就想著「輕重緩急」的優先順序，進而安排這一天的工作節奏。時間寶貴，更有效率地完成交付事項，自然能安心結束一天，無愧地打卡下班。相對地，瘋狂加班，等於窮到只能以勞心的時薪換算個人價值。此外，私人時間更是要減少被工作影響的狀況，若能有效管控，也絕對是在工作時能有效利用時間的人才。

當你可以不再以時間去證明價值，多餘心思就能用來安排理想生活的節奏及品質，加深你與他人之間的情誼。之所以會「懷疑人生」，就是因為無法無愧地好好活著，將時間浪費在不踏實的事物，甚至一點一滴地揮霍掉自己的健康。

若想要保有為人處事的高水準，不疾不徐地優雅度日，那就得規律地安排時間。那樣的自己，光是想像都非常迷人，而且一定要活得精采到令人稱羨。就從今日開始吧。

不只操作短線快樂，你得看重心靈質量

「財富自由」已是這個世代的顯學，在名嘴及專家口中，有著簡單明白的定義：「不必去上班，但未必不工作，僅僅依靠投資或增值收益，便能過上有尊嚴、有品質、有意義的生活。甚至要買什麼、要去哪兒旅行及度假，都可以隨心所欲」。

先撇開財富或經濟是否擁有真正的自由，多數上班族在工作之餘稿賞自己的辛勞，排年假去放鬆度假；縱使諸事不順，也先來趟四天三夜的旅行再回來繼續面對人生。

不管基於何種藉口，還要在社交平台上曬出令人稱羨的照片與戰利品，甚至不管是否經濟能力所及，「活在當下」成了許多人義正嚴詞的座右銘，都是為了表述「現在不好好及時行樂，多麼對不起自己」？

「及時行樂」、「活在當下」都是為自己找到紓壓，甚至逃避現實的藉口。甚至有人劃重點說明，來回不過是亞洲，泰國、首爾、甚至鄰近的上海及日本，哪有花到什麼錢？請了不扣休的特休，搭配便宜的民宿及廉航機票，一切都是這麼美好。

假設綜合推斷，一次旅行花費約略三萬的旅費，一年出國次數二至四次，細數下來也有十五萬左右。

對於工作經驗不到五年的上班族，已是龐大的娛樂支出，更別說週末及下班後的小確幸、同儕的慫恿及比較的非理性購物，像這樣花錢就能獲取的短線快樂，真是你要的嗎？

是炫富？抑或是理想生活？

看見網紅、藝人所推薦的商品，很可能只是在兜售「享受是最重要之事，現在就實踐不然你會輸掉」的觀念，你是否有必要崇拜如朝聖的信徒，以免自己不夠入時？

你得理性思考，要的生活是什麼。衝動的激情過後，若明白到自己可能瞎忙一場，心情不一定比較開心、人生不一定變得完整。美好的人生若得花錢購買，也可能只是買到自欺欺人的假象。

年輕時總認為花錢不手軟就代表自己有本事負擔，具社經地位；然而，粉紅泡泡被現實戳破之際，紫醉金迷的生活也得告終。不理智的衝動只會成為入不敷出的壓力，別被情緒及虛榮沖昏了頭。年輕有本錢就寅吃卯糧，只會先缺後空。什麼都不怕的月光族呀，出來混總是得還的。

過了二十八歲後，「自律」讓你更迷人

若要比較還真的比不完，一路從成績、畢業學校、任職公司、名牌包、伴侶條件等，甚至社交關係，無一不面臨比較和被比較。

我們從小被教育成為「人上人」，若不踩在別人的肩膀上，自己也只會被他人給踐踏，成為競爭對手的墊腳石。

人生路上多是糾結且辛苦的坎，但若永遠活在他人的情感勒索之下，營造人人稱羨的表象，就是人生勝利組了嗎？

生活中許多苦苦追求，不過都是「被迫跟風」。身為你自己，沒必要老是和誰較勁、與誰爭寵。

打腫臉充胖子不過都是假象，生活上若不自律，只會向未來預支更多代價，包含金錢與人際，還有內心永遠難以滿足的貪婪與惡習。逞強度日就只為了面子的你，是否有機會成為他人眼中的理想大人？

所謂「自律」是一個長期與真我的誠實對話。

若熬夜讓你不再年輕的身體吃不消，那就早起，也讓自己多點時間規劃日常；若是不想花錢去健身房，飲食就適量且簡單，健康地減輕身體的負擔；若是不想長期支付信用卡債務，就理性思考後再消費，才有餘裕投資基金與房產。經濟自由，身心才有可能自由。

成為大人後的你，是否清楚知道自己擅長什麼，甚至更要明白自己不擅長的是什麼。而你所堅持的「自律」，將會讓你不再吃悶虧，踏實地回到初衷，內心的豐沛滿足原來如此輕鬆簡單。

關於「優秀」，你可以試著練習

一旦得到職場上「哥」、「姊」的尊稱，就更要成熟應對、更重情緒管理。人一旦積累工作經驗後，要抱持友善且關愛的心胸相對難得，要知曉人際關係的輕重，也要善待那些不喜愛的人們。

成為職場上的學長姊，不是要你視若無睹，有指教與批判還是該提出。鼓勵過頭、假裝認同，只會讓對方不知改善，徒增同事們的困擾。不說真話的假好人不見得能助人成長，但絕對會讓人得到學壞的機會。

一次聚餐上，身為知名品牌總經理的好友Peter分享他的成功之道。一位他相識多年的舊同事，當場以酸言酸語調侃他，不論是被劈腿的過往，或過高的髮際線。最不該提及的，是Peter工作上曾被老闆辭退的黑歷史。原本Peter好意轉介舊同事給職場好友，提供轉職的機會或商機，卻意外造成自己的困擾。會後，Peter只得封鎖那位不明事理的舊同事。

愛惜自己的羽毛，第一時間切割無助益的阻礙關係

人生路上，總有人想要拖累你，不讓你前進。社交對話也要懂得為

自己、他人藏拙，凡事隱惡揚善，對於黑歷史務必三緘其口，特別是關於他人的過往。掀開不堪傷疤、毀壞他人辛苦建立的形象，你最終也只能同歸於盡，而那可能是你當下未預見的代價。

寬心包容不同，切割影響你進步的人事物，
這並非虛偽自私，
而是人情世故必修的第一課。

指正不對的事，但不攻擊特定的人。適時保護自己、捍衛自己，絕不會是件壞事。

要嘛演好自己的劇碼，
要嘛另尋新的舞臺

戲臺下站久了，舞臺不一定是你的。你為自己立下的，若是有所誤解的座右銘，盼來的也可能是如誤會般的人生。

你可以安逸地當觀眾，將自己的人生交付給他人。然而，你也可以登上舞臺當演員，或是主動改寫劇本、調整角色設定，這樣的你更有機會轉換舞臺，甚至談到最有價值的籌碼。

關於「優秀」這件事，你要試著努力，演著、演著就能成真。想要提升能力、過更好的生活，請反覆練習，不要害怕挑自己毛病。面對真實人生選擇題時，需要果斷地面對。

沒有人有義務為你送上最佳機緣，適切的位置請自己爭取。不論你的天命是什麼、不論未來宇宙想送上什麼贈禮，你都得先起身前往自己該去的地方，才能無愧於生活。

培養贏家的體質，而不是埋頭苦幹

每天重複做一件事情，多久會無聊？

日常中，我們都需要「喜新厭舊」的調劑，體驗不同以往的感受。

在忙碌生活中獲取感動、得到知識養分，都是讓自己能持續向前的動力。若真心想完成一件事情，你根本無暇分心，只會專注於目標，讓自己每天都比昨天離終點更近一些。

同時面對工作及生活，確實要適時切換人設樣貌，才能詮釋不同環境的劇本。許多成功人士都有著敏銳的心思與邏輯，總能適切戴上不同面具，有膽量地承擔角色。

想提升視野，先跟隨有「追求感」的人

學會觀察成功人士的觀點，是最有成效、也最快速的進步方式。成功人士多有自己的心法，其中必定有值得你學習的訣竅。

學習不只是複製貼上，你得隨時觀察，也反覆檢視自身的優勢及劣勢。若該情境發生在自己身上，又如何調整節奏。

想要成功，就讓好人及好事「靠近」自己。若你自認為幸運，請好好珍視眼下所擁有的一切，世界也會為你帶來好運。

想成為有錢人，就向擅長投資理財的人學習；想變漂亮、變帥氣，先讓自己打扮得體。追求卓越，先自帶正向的氣場。

那些人生勝利組，都是演技派高手

給大腦下一道指令：「我可以是這樣的人，或即將成為這樣的人」。時間久了，身旁的人也會感受到你的改變。努力只會讓你離目標近一點。若成天抱怨、只說不做，你將很難比別人幸運。

認清自己的限制，願意調整、熱愛學習，就值得那些優渥的機會。跟著嚮往的節奏走，就是一條最快的捷徑。

沒有人只能擁有一個身分、一種人設過一輩子。若你過分堅持做自己，肯定無法為誰而改變、無法為定位而調整，不僅很可能被社會淘汰，甚至崩潰於做不好而自卑、缺乏自信。那麼，什麼是「人生勝利組？」自己與他們究竟有何不同？

「做自己」，不是任由自己活得潦草

倘若還是孩子，還能放任自己不成熟，在家對呵護的父母親耍賴。長大後的我們，不僅是為人子女、另一半，甚至為人父母等，只想扮演「自己」就會讓關係失衡。

工作上，當你堅持己見、只做自己，不僅升遷困難，也難以融入環境，與他人自在共事。

若想讓自己成為贏家，就要演什麼像什麼，
你得花上更多的功夫練習。
若執意忠於自我，那不過是「固執」，
只會輸在起跑點，拱手將成功讓人。

別活在被動的「小確幸」，給自己一點拼搏的「狼性」，積累一些為他人思量的「人性」。比起其他人，人生勝利組必定有他超強的適應力，以及改造自己的決心，勇於接受挑戰、喜歡突破，就像一盤水倒進任何不規則的容器裡，都能溫柔地呈現出自己理想的樣貌。

「刪減」並「拾回」，能讓你身為人的質量加分

「你今天過得好嗎？」

有時，我們常習慣用這句話關切好友，獲得的回應卻是傾倒心情垃圾，有時甚至造成負擔。若對方劃錯重點，讓人更難以對話，聽者也不知如何是好。

和朋友Sam共進午餐，聆聽他近來的工作瓶頸。他的公司因疫情而裁員，甚至辭退懷孕的員工，而公司老闆以「共體時艱」為由。前五分鐘還算簡潔扼要，但後續則花上近一小時批判主管是非不明而影響他的晉升，想憤而離職，卻又說：「我一定要當上主管，實在太不甘心了。」

過不去的情緒，只能消耗自己寶貴的時間。他不在意未來職涯的危險，只專注在當下的感受。我請他儘早更新履歷、安排與獵頭的對談，但他只執著於內心的不甘。後來公司倒閉，不僅沒拿到遣散費及失業補助，也只能看著主管被挖腳去另一家有遠景的公司。

應對人生的轉彎，積極思考規畫下一步

當你還在摸索人生時，其實早已浪費許多時間。最可怕的是瞎忙，

看不到目標與重點，還在做一些沒有助益的小事。工作若放錯重點，肯定要多付出學費。但人生規畫如果誤差太大，一切將會一蹋糊塗。感到迷惘時，我們若只是消極應對，只會漸漸遠離人生的初衷。當你決定進入下一個新階段時，不妨讓自己喘口氣，調整生活節奏、做好準備迎接新的開始，等想清楚了再邁步前進。

三十歲的你，不再是孩子

成為大人後的我們，不能只剩嘴上的空話，不能只是「愛自己」。要摸得著、看得清自己的本事，以及該去的地方。若是沒有自己的思想骨幹，你只是一株蒲公英，只飄向有短期利益可得的方向。

「刪」與「拾」，

是我們在人生每個階段都反覆調整之事，

只是在三十歲前後更是重要課題。

斷捨離會讓過程中每個步伐更接近成功。若只是被動面對人生，就是在死胡同裡原地踏步。最寶貴的是時間，不要成為毫無結論的人。

人際關係宜「化繁為簡」，刪除沒必要又消耗的關係，才有機會遇見更好的緣分。三十歲後，別只期許自己成為了不起的人，也要追求自在且愉悅的日子，這才是最重要的事。

不論在什麼年紀，你都得認清自己的優勢與劣點，這是撐住你定性的核心。若你能明白生活重心，當迷惘再度侵襲，你仍能確立腳步，就算人生不那麼順遂也能走出自己的路。

直覺告訴我們的事

反覆地練習、不斷地更正，這會練就我們解讀事物的原則。這套價值讓你有「一目瞭然」的超能力，成為你獨到的「直覺」。與人相處上，你也能感受得到自己與他人的頻率。

直覺，是面對百樣人的本能反應。畢業後進入社會，你開始會遇見各種人。有人以「消費別人」、「降低他人的存在感」來襯托自己的價值與重要性，更消極的就落井下石或藉機排擠，以情緒挑撥的態度來傷害他人。

面對這樣的人，連責怪都不必，你只要理性指正、引導對方，讓他明白惡意相待的後果。如果對方有同理的善意，就能感同身受。那些對自身能力缺乏信心、甚至慣性善戰的人不僅可惡，也有病態的可悲。有些話你可以放在內心不說；但有些人，你要能一眼就明白他障眼法之下的把戲。

不違心、不忽視，相信直覺

一開始，我們難免會以外貌來判定一個人。想要獲取別人的認同、喜愛，甚至是最基本的和平，都得先釋出善意。

在相處過程中，慢慢瞭解對方的心思及個性，這個時候，彼此都還處在「試用期」。

難免客套、禮尚往來地尊重彼此，再進一步示好，成為對方重視的存在。隨著年紀增長，我們不免反省自己在過往關係中的角色，從初次見面的新鮮到後來的交好，也可能走入末路窮途，關係若不是正向的昇華，就必須學會放下。

關係的本質，
是青春換來的智慧。

來者是否誠懇善良，或者不懷好意地想獲取你身上的好處，不論是真心、或是假意，你絕對都能體會到。你可以不求事事完美，但唯有發自內心對待他人，才能獲得青睞與信任。

做人的奧義，正所謂「魔鬼藏在細節裡」

與其說「我第六感很準」，不如說「我的經驗告訴我」，長期收集的大數據，更具說服力。多花心思經營你與人事物的關係，花時間思考細節。面對立場不同的人，同樣的一句話也可能帶給對方不同的觀感。與人相處時減少應對的錯誤，就是為關係贏得信任。

直覺，是人生經驗的積累，也是成功的要素。做事要求細節、面面俱到，做人很難不成功，也更有能力完成任務。將心比心，「照映」也「照應」他人的心情，自然就能看透一切魔鬼細節。

向宇宙顯化：最好的年紀，認真想、放手做！

造物的神，讓你和每個階段的開始至結束，都能看見自己的休戰及平靜。

原本以為那些看似無法改變的自制規則，會因為生活中的試煉和反覆考驗而變得清晰。最終，結果往往不如預期，卻讓我們在回歸自我後，認清現實，學會如何避免重蹈覆轍。

活在當下，放下對未知的擔憂，誰都害怕重蹈覆轍而再次受傷。

無論是宇宙的天使引導避開困境，還是內心的惡魔誠懇地告知真實原因，保持善良的心態看待事情，就像一齣不切實際的肥皂劇。人生可能因為善良而過得美好，但那些斬草不除根的人生懷疑，卻將你困在原地，讓你在吞過幾句勵志金句後，仍然兩手一攤般無動於衷。

宇宙下單不會椿椿顯化，你得做些什麼讓幸運之神看見

「每天向宇宙下單，卻沒有一件事情實現？」、「變有錢、工作能加薪升遷，都沒有後續啊！」、「想交女朋友，講了三年都還是孤單一個人，哪來的另一半！」許多人熱衷於祈求願望實現，花費時間和精力禱告、進出寺廟燒香拜佛，甚至「投十塊，求百萬」，懇請蒼天

聽見他們的呼喚，希望能夠高人一等、財富自由，並期望這些願望能夠輕鬆達成。

欲望，是一種貪婪，我們都知道「得不到的，永遠最迷人！」於是試圖造夢，卻永遠無法真正獲得。一天捕魚、三天曬網，只在乎自己別吃到悶虧、能占便宜就盡可能不怠慢自己。

數年過去，春秋大夢仍持續做著，身旁比你晚起步的點頭之交，都已超越你的成就，留下你對這個社會、環境及周遭親友的不停抱怨。

若想實現心之所向的一切，請先試著讓幸運之神了解你的「目標在哪、在忙什麼、需要為何」。你的努力，將吸引散發著同樣頻率的貴人一同共振完成這些想法，改變現況。那麼，想要的成功還會遙遠嗎？答案是：你得「順流靜待」，讓宇宙帶來「意想不到、適合你的答案」，才是最好的豐盛顯化。

正視所有情緒，有時鬧脾氣是提醒內在匱乏的所在

工作與生活多年，原本血氣方剛、橫衝直撞的脾氣，早就被社會上「圓融處事、寬以待人」的教誨磨到不再喜形於色，練就退一步海闊天空的與世無爭狀態。

白天戴著面具，夜晚在靜謐的家中卻感受到強烈的反差。你莫名流下眼淚，甚至不再與家人或另一半交談，只希望能保留一些空間來「洩氣紓壓」，讓自己冷靜下來，提醒自己放鬆、緩下腳步，去覺察生活中的體驗，不讓負面情緒影響到身邊無辜的人。

學習去接受也擁抱這樣的自己，沒有誰能永遠保持「正向能量」。

遭遇挫折、哀傷、觸景傷情或緬懷過往，都是正常的狀態。不必強迫自己「快速矯正心態」或責備自己「這樣的心態很糟、不應該這樣思考！」也別壓抑突如其來的感受。這些情緒可能是內在深處的自己在向外求救，讓你看見自己不同的一面；也可能提醒你對自己或他人的同理心不足，需要坦然接受這樣的人格。

「愛自己」對許多人而言，也許是外貌裝飾的表現，而非發自內心接受和調解。有些人通過花錢來找回自信和競爭力，但卻忽視了內在的真正平衡。唯有「讓情緒來，也讓它流走」，才能讓內在的心理素質變得更強大，不再受到自卑的困擾。

心境越鬆越好：選擇對了，狀態也對

當心境鬆開了，不再糾結與自尋煩惱，才會真正顯化生活的美滿與豐盛。

人，這輩子都在計畫與安排之下，沙盤推進與即時修正，絕非一次剛好到位，也不是苛刻要求百分百的完美。

從求學到出社會、找工作到創業、結婚到生小孩，最終躺入棺木畫上句點結束一生，誰不是拚命想要證明人生的完整與順遂，逼迫自己緊繃著發條，秉持「嚴以律己，寬以待人」的原則，把最亮眼的一面展示給大家評判？你看起來疲倦且焦躁，緊抓過程卻不願喘口氣，擔心錯失每一次機會，害怕被貴人忽視。在這樣的使命追逐中，得到的卻不是事半功倍的成果，而是充滿患得患失和小心翼翼的不安。

親愛的，先喘口氣，
再找回自己的優先權。

心，得要越放鬆才能越自在，允許自己盡力後值得擁有「享受與休憩玩耍」的資格。好比穿上質感好的衣物、住一次高品質的酒店、學習培養幾項感興趣的技能、保養自己的臉蛋與維持健康，好好吃東西與練習到點就寢睡覺。

想過好人生的每一天，取決於自己的心態有所改變：命，是上天先前寫好的劇本；運，可以是後天因為「選擇對了、取捨對了、狀態對了」，造物之神看見這番努力，便送上一份專屬於你的精采禮物，指引你順遂地前往理想人生！

不要在最好的年紀，吃得隨便、過得廉價

【順流向前增章版】

作　　者　蔡侑霖 Danny Tsai

責任編輯　楊玲宜 ErinYang
責任行銷　鄧雅云 Elsa Deng
封面裝幀　陳盈妤 Yinyu Chen
版面構成　黃靖芳 Jing Huang

發 行 人　林隆奮 Frank Lin
社　　長　蘇國林 Green Su

總 編 輯　葉怡慧 Carol Yeh
主　　編　鄭世佳 Josephine Cheng
行銷經理　朱韻淑 Vina Ju
業務處長　吳宗庭 Tim Wu
業務專員　鍾依娟 Irina Chung
業務秘書　陳曉琪 Angel Chen
　　　　　莊皓雯 Gia Chuang

發行公司　悅知文化　精誠資訊股份有限公司
地　　址　105台北市松山區復興北路99號12樓
專　　線　(02) 2719-8811
傳　　真　(02) 2719-7980
網　　址　http：//www.delightpress.com.tw
客服信箱　cs@delightpress.com.tw
I S B N　978-626-7537-15-2
建議售價　新台幣３６０元
二版一刷　２０２４年10月

國家圖書館出版品預行編目資料

不要在最好的年紀，吃得隨便、過得廉價／蔡侑霖（Danny Tsai）著. -- 二版. -- 臺北市：悅知文化精誠資訊股份有限公司，2024.10
272面；14.8*21公分
ISBN 978-626-7537-15-2(平裝)
1.CST: 人生哲學 2.CST: 生活指導

191.9　　113012510

建議分類｜心理勵志